Arndt Beiderwieden

Marketing

Ein handlungsorientiertes Informations- und Arbeitsbuch

2. Auflage

Bestellnummer 01683

Bildungsverlag EINS

Haben Sie Anregungen oder Kritikpunkte zu diesem Produkt?
Dann senden Sie eine E-Mail an 01683@bv-1.de
Autoren und Verlag freuen sich auf Ihre Rückmeldung.

www.bildungsverlag1.de

Bildungsverlag EINS GmbH
Sieglarer Straße 2, 53842 Troisdorf

ISBN 978-3-427-**01683**-0

Vorwort

Liebe Schülerinnen, liebe Schüler,

jeden Tag erfahren wir aus den Medien, dass sich die Unternehmen im weltweiten Wettbewerb befinden. Dabei verfolgt jedes dieser Unternehmen das Ziel, sich mit erfolgreichen Produkten gegenüber der Konkurrenz zu behaupten. Da letztlich der Kunde darüber entscheidet, ob ein Produkt erfolgreich ist oder nicht, nimmt die Bedeutung des Marketing stetig zu – denn Marketing ist nichts anderes als systematische und konsequente Kundenorientierung. Dazu gibt es in vielen Unternehmen eine eigene Marketingabteilung.

Was kann man sich unter Marketing vorstellen?

Marketing ist ein vielseitiges und spannendes Themengebiet der Betriebswirtschaft, das für viele von Ihnen etwas bereit hält, beispielsweise die Produktentwicklung für kreative Designer, die Konzeption von Werbung und Marktforschung für Freunde der Psychologie, die Preisgestaltung und Erfolgskontrolle (Marketingcontrolling) für schnelle Rechner und schließlich das Entwickeln langfristiger Marketingstrategien für analytische Köpfe. Da nicht jeder alles weiß und kann, arbeitet man im Marketing in der Regel im Team zusammen.

Woher sollen Sie wissen, ob Ihnen diese Arbeit später Freude macht?

Dieses Buch nimmt Sie mit auf die Reise einer Produktentwicklung und -vermarktung. Sie werden beim Taschenhersteller Careli die typischen Marketingaufgaben aus Sicht verantwortlicher Marketingmanager kennenlernen und vielfach im Team erleben. Sie werden unter Einsatz von Infotexten die Vor- und Nachteile vieler Entscheidungen abwägen und konkrete Schlussfolgerungen in die Tat umsetzen. Mithilfe des Glossars (eine Art „Minilexikon") und mit dem Stichwortverzeichnis können Sie sich jederzeit selbstständig orientieren. Kompakttexte fassen das Fachwissen in jedem Kapitel noch einmal zusammen, Vertiefungsaufgaben geben Ihnen die Möglichkeit, zu üben.

Nur einige von Ihnen werden später einmal Marketingmanager werden, doch jeder von Ihnen kann in wenigen Monaten eine Vorstellung davon haben, wie dieser Beruf aussieht.

Und nun an die Arbeit!

Der Autor

Auf der CD finden Sie das Programm „SmartStore.biz 5". SmartStore.biz ist eine E-Commerce-Anwendung, mit der Sie in kürzester Zeit ohne HTML-Kenntnisse ein virtuelles Ladengeschäft (Store) aufbauen und im Internet platzieren können.

Inhaltsverzeichnis

A Industrieunternehmen Careli GmbH

Das Unternehmen und sein Image

Das Unternehmen Careli GmbH ist ein mittelständischer Hersteller modischer Taschen und Koffer sowie zugehöriger Accessoires mit Sitz in Bremen. Das Unternehmen hat seit jeher das Image, dass es in Fragen der Produktgestaltung seine eigenen Wege geht: Alle Produkte sind bis in jedes Detail durchdacht und überraschen die Kunden immer wieder mit einzigartigen praktischen Lösungen, welche allen Alltagsanforderungen gerecht werden. Ein originelles und ansprechendes Design ist bei jedem Produkt aus dem Hause Careli selbstverständlich. Diese Philosophie wird in folgender Leitidee zum Ausdruck gebracht:

Careli – das etwas andere Produkt

Zielgruppe sind Individualisten, welche sich nicht mit gewöhnlichen „08/15-Produkten" zufriedengeben wollen und bereit sind, überdurchschnittlich hohe Preise zu bezahlen. Die Preise liegen deutlich über dem Durchschnitt.

Geschichte des Unternehmens

1968 Der Designer und Querdenker Peter Careli gestaltet erfolgreich neuartige Handtaschen für eine Modemesse in Köln.

1975 Careli erwirbt eine Produktionsanlage, gründet die Careli GmbH und bietet nun auch Akten- und Reisetaschen an.

1977 Nach einem Ausbau der Produktionsanlagen erweitert die Careli GmbH ihr Produktprogramm um Koffer und Rucksäcke.

1995 Die Careli GmbH stellt den einhundertsten Mitarbeiter ein.

2002 Die Careli GmbH erwirbt eine Produktionsstätte in Ungarn und produziert nun auch Accessoires (Portemonnaies, Gürtel).

Unternehmensgründer Peter Careli

Wirtschaftsdaten und Kontakt

Umsatz:	77,4 Mio. EUR
Absatzregionen:	Deutschland, Belgien, Frankreich, Spanien
Mitarbeiter/-innen:	175
Rechtsform:	GmbH
Sitz:	Bremen-Findorff
Handelregistereintrag:	HRB 3870
Adresse:	Gustav-Heinemann-Str. 610–613, 28215 Bremen
Telefon:	0421 12345
Fax:	0421 12346
Bestellhotline:	0421 12388
Bestellfax:	0421 12399
Web:	www.Careli-Bremen.com
E-Mail:	Info@Careli-Bremen.com

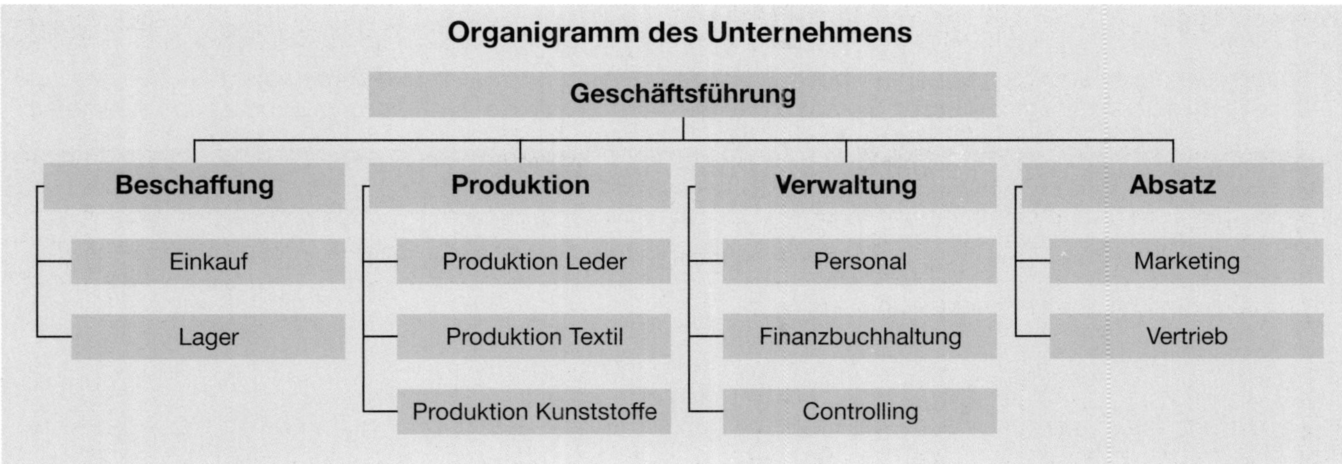

Artikelliste Careli GmbH

Artikel-Nr	Produkt	Bezeichnung	Produktmerkmale	Preis
Produktgruppe 1: „business“				
11-001	Koffer	Excellence	Kunststoff, schwarz	144,00 EUR
11-002	Koffer	Comfort	Kunststoff, grau	144,00 EUR
12-001	Aktentasche	Broker	Leder, schwarz	162,00 EUR
12-002	Aktentasche	Trade	Leder, grün	162,00 EUR
12-003	Aktentasche	Consult	Leder, braun	162,00 EUR
12-004	Aktentasche	Oversea	Kunstfaser, schwarz	185,00 EUR
13-001	Portemonnaie	City	Leder, schwarz	25,00 EUR
Produktgruppe 2: „traveller“				
24-001	Reisetasche	Berlin	Kunstfaser, schwarz	99,00 EUR
24-002	Reisetasche	München	Kunstfaser, blau	99,00 EUR
24-003	Reisetasche	Köln	Textil, beige	99,00 EUR
24-004	Reisetasche	Bremen	Textil, schwarz	99,00 EUR
25-001	Rucksack	Easypack	Kunstfaser, schwarz	58,00 EUR
25-002	Rucksack	Eskimo	Textil, blau	69,00 EUR
21-001	Koffer	Champion	Leder, braun	88,00 EUR
21-002	Koffer	Big Star	Kunstfaser, schwarz	88,00 EUR
23-001	Portemonnaie	Kompakt	Leder, schwarz	19,00 EUR
Produktgruppe 3: „female“				
36-001	Handtasche	Monique	Leder, rot	136,00 EUR
36-002	Handtasche	Madeleine	Leder, blau	136,00 EUR
36-003	Handtasche	Chantal	Textil, rot	135,00 EUR
36-004	Handtasche	Elena	Textil, beige	169,00 EUR
33-001	Portemonnaie	Viva	Leder, rot	19,00 EUR
33-002	Portemonnaie	Elle	Leder, blau	19,00 EUR
37-001	Gürtel	Orient	Leder, schwarz	25,00 EUR
37-002	Gürtel	Scandic	Leder, weiß	25,00 EUR
37-003	Gürtel	American	Leder, rot	25,00 EUR
Produktgruppe 4: „outdoor“				
45-001	Rucksack	Nordwind	Kunstfaser, schwarz	55,00 EUR
45-002	Rucksack	Sahara	Kunstfaser, beige	65,00 EUR
43-001	Portemonnaie	Explorer	Kunstfaser, grün	12,00 EUR

Arbeitsaufträge:

1. *Suchen Sie die entsprechenden Abteilungen aus dem Organigramm heraus und ordnen Sie diese den beschriebenen Funktionen richtig zu. Fassen Sie dabei die drei Teilproduktionen zur Abteilung „Produktion" zusammen.*

Abteilung	Funktion
	Aufbau und Pflege der Kundenkontakte sowie Verkauf vor Ort
	Einlagern und Ausliefern von Material und Produkten
	Herstellung von Halbfertig- und Fertigteilen
	Erfassen aller betrieblichen Vorgänge und Vermögensteile in Zahlen
	Erfassen und Aufbereiten betrieblicher Kosten und Leistungen
	Langfristige Planung und Vermarktung des Produktprogramms
	Beschaffung, Verwaltung, Förderung und Freistellung der Mitarbeiter/-innen
	Beschaffung von Roh-, Hilfs- und Betriebsstoffen
	Leitung und Koordination aller Aktivitäten

2. *Kreuzen Sie die zuständige Abteilung an:*

Nr.	Tätigkeitsbeispiele	Abteilung							
		EK	La	Pr	Pe	FIBU	Co	Ma	Ve
1	Analysieren von Bewerbungsunterlagen								
2	Planen einer Kundenbefragung								
3	Analysieren der betrieblichen Kosten								
4	Erstellen der Bilanz								
5	Optimieren der Maschinenlaufzeiten								
6	Vergleichen von Lieferantenangeboten								
7	Durchführen von Soll-Ist-Vergleichen								
8	Kommissionieren[1] der Ware								
9	Beraten der Kunden								
10	Umsetzen einer Werbekampagne								
11	Erstellen von Gehaltsabrechnungen								
12	Buchen von Ein- und Ausgangsrechnungen								
13	Ermitteln neuer Bezugsquellen								
14	Festlegen der Vertriebswege								
15	Führen von Verkaufsgesprächen								
16	Umrüsten von Maschinen								
17	Be- und Entladen der LKW								
18	Entwickeln von Preisstrategien								

EK = Einkauf La = Lager Ma = Marketing Ve = Vertrieb Pr = Produktion Pe = Personal Co = Controlling FIBU = Finanzbuchhaltung

[1] versandfertig machen

3. *Stellen Sie die Struktur des Produktprogramms der Careli GmbH übersichtlich dar.*

Darstellen der Struktur des Produktprogramms

4. *Tragen Sie die kursiv gedruckten Fachbegriffe im nachfolgenden Interview mit dem Leiter der Marketingabteilung, Dr. Liedtke, in das Schema ein:*

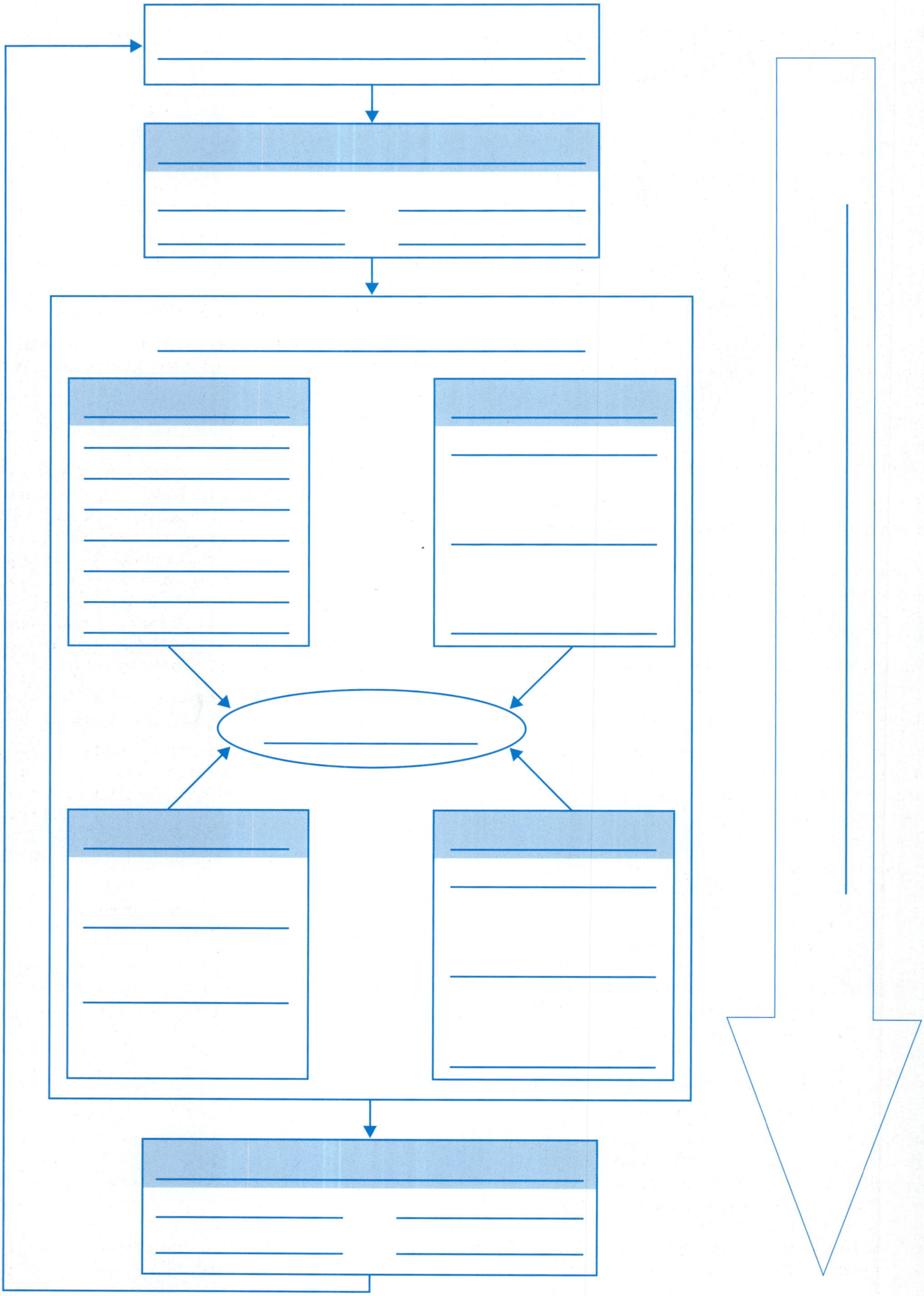

„Wirtschaft Spezial“ im Bremer Kurier: Interview mit dem Leiter der Marketingabteilung Dr. Liedtke

Dr. Liedtke ist seit 1995 Leiter der Marketingabteilung des mittelständischen Taschenherstellers Careli GmbH in Bremen-Findorff.

Bremer Kurier: Herr Dr. Liedtke, heute wollen wir im Wirtschaftsteil unseren Lesern aus der Region das Thema „Marketing“ am Beispiel Ihres Unternehmens näher bringen. Ist Marketing dasselbe wie Werbung?

Dr. Liedtke: Nein, das ist ein Gerücht, welches sich sehr hartnäckig hält, aber nicht stimmt.

Bremer Kurier: Was versteht man denn unter Marketing?

Dr. Liedtke: Wenn Sie es ganz einfach wollen, so ist Marketing die konsequente Kundenorientierung – von der Produktentwicklung bis zum Kundenservice nach erfolgreichem Verkauf. Im Mittelpunkt steht immer der Kunde mit seinen Problemen und Bedürfnissen.

Bremer Kurier: Sie sagten Produktentwicklung. Bezieht sich denn das Marketing nicht nur auf die Vermarktung der fertigen Produkte?

Dr. Liedtke: Früher war das so. Da hat der Betrieb einfach auf Lager produziert und der Verkauf musste die Produkte unter die Leute bringen. Modernes Marketing sieht anders aus: Da werden schon vor der Produktentwicklung der Kunde und seine Wünsche systematisch erforscht und die gesamte Vermarktung darauf abgestimmt.

Bremer Kurier: Kann man Marktforschung als ersten Schritt des Marketings bezeichnen?

Dr. Liedtke: Nein, das kann man so nicht sagen. Nach modernem Marketingverständnis ist der erste Schritt stets die Formulierung verbindlicher *Marketingziele*. Aus diesen Marketingzielen werden dann grundlegende *Marketingstrategien* abgeleitet und diese werden dann durch die *Marketinginstrumente* umgesetzt – das sind dann die alltäglichen Entscheidungen und Maßnahmen rund um die Gestaltung von Produkt, Preis, Werbung usw.

Bremer Kurier: Hoppla, ich verliere die Übersicht. Zuerst formulieren Sie also Marketingziele?

Dr. Liedtke: Ja. Unsere Unternehmensleitung einigt sich zu Beginn des Jahres mit unserer Marketingabteilung auf bestimmte Marketingziele. Das sind gewöhnlich Umsatz- oder Marktanteilsziele, aber auch Imageziele.

Bremer Kurier: Sie sagten eben, dass Sie aus diesen Zielen Ihre Marketingstrategien ableiten. Strategien klingt richtig militärisch ...

Dr. Liedtke: Viele Grundgedanken gerade des strategischen Marketings kommen aus der Militärwissenschaft, vor allem aus den USA.

Bremer Kurier: Was genau ist eigentlich eine Strategie?

Dr. Liedtke: Eine Strategie ist ein langfristiger und durchdachter Plan zur Zielerreichung. Strategien sind damit immer der Weg zum Ziel.

Bremer Kurier: Haben Sie mal ein Beispiel für eine Marketingstrategie?

Dr. Liedtke: Nehmen Sie beispielsweise die Strategie der Marktsegmentierung: Dabei wird ein bunter Gesamtmarkt mit völlig unterschiedlichen Kundentypen in Teilmärkte mit gleichartigen Kundentypen – also Kunden mit ähnlichen Bedürfnissen – zerlegt. Und für jede dieser in sich gleichartigen Kundengruppen kann dann eine speziell abgestimmte Vermarktung erfolgen. Wir zum Beispiel haben den Gesamtmarkt für Taschen zerlegt in die Marktsegmente „Geschäftsleute“, „Urlauber“, „modebewusste Frauen ab 30“ und „Outdoor-Touristen“. Für jedes dieser Segmente bieten wir eine entsprechende Produktgruppe an.

Bremer Kurier: Muss das Unternehmen bei so einer *Marktsegmentierungsstrategie* Produkte für alle Segmente anbieten?

Dr. Liedtke: Muss nicht, aber kann, die Beantwortung Ihrer Frage wäre zum Beispiel eine typische strategische Entscheidung. Es gibt natürlich noch ganz andere Strategien, wie zum Beispiel die *Positionierungsstrategie*, bei der das Unternehmen systematisch dafür sorgt, dass es sich in der Gedankenwelt des Kunden deutlich von der Konkurrenz abhebt. Man sagt, das Produkt oder die Marke wird „positioniert“.

Bremer Kurier: Das klingt ja noch alles sehr abstrakt. Wie setzen Sie denn diese Strategien konkret um?

Dr. Liedkte: Sobald die Strategien beschlossen sind, werden sie durch sogenannte Marketinginstrumente in die Tat umgesetzt. Da es recht viele solcher Marketinginstrumente gibt, unterteilt man diese in die Bereiche *Produktpolitik, Preispolitik, Distributionspolitik* und *Kommunikationspolitik*. Im Englischen spricht man übrigens von den vier „Ps“: product, price, place und promotion.

Bremer Kurier: Können Sie uns das näher erklären?

Dr. Liedtke: Selbstverständlich. Da ist zunächst die Produktpolitik. Hier wird entschieden, ob und welche Produkte neu entwickelt, abgeändert, um weitere Produkte ergänzt oder ganz vom Markt genommen werden. Die Fachbegriffe sind *„Produktinnovation“*, *„Produktvariation“*, *„Produktdifferenzierung“* und *„Produktelimination“*. In diesem Zusammenhang werden übrigens auch alle Entscheidungen rund um die *Verpackungs*gestaltung, die *Markenwahl* sowie *Service und Wartung* getroffen. In der Preispolitik steht dagegen die *Preisbestimmung* im Mittelpunkt. Außerdem müssen *Preisstrategien* sowie *Konditionen* festgelegt werden. In der Distributionspolitik trifft das Marketing Entscheidungen zur *Marketinglogistik* und zur *Auswahl der Absatzkanäle*.

Bremer Kurier: Was versteht man unter Marketinglogistik und Absatzkanälen?

Dr. Liedtke: Marketinglogistik betrifft alle Entscheidungen zu Transport und Lagerung der Ware. Die Wahl der Absatzkanäle beantwortet dagegen die Frage, über welche Absatzorgane das Produkt vom Hersteller zum Kunden gelangen soll. Wir können zum Beispiel die Produkte über eigene Verkaufsfilialen an den Kunden verkaufen oder bestimmte Handelsketten einschalten.

Bremer Kurier: Und die Kommunikationspolitik ist dann die Werbung?

Dr. Liedtke: Nicht nur – neben der *Werbung* gibt es noch die *Öffentlichkeitsarbeit (PR)*, die das Unternehmensimage pflegt, und verschiedene Maßnahmen der *Verkaufsförderung* vor Ort.

Bremer Kurier: Besteht bei so vielen Entscheidungen nicht die Gefahr, dass da alles drunter und drüber geht? Das muss doch alles abgestimmt sein, oder?

Dr. Liedkte: Die Abstimmung der Marketinginstrumente ist das A und O: Produktgestaltung und Produktimage, Preis, Werbung, PR, die Auswahl der Handelswege – das muss alles zusammenpassen. Die koordinierte Kombination der einzelnen Marketinginstrumente nennt man übrigens „*Marketingmix*".

Bremer Kurier: Und wann findet nun eigentlich die Marktforschung statt?

Dr. Liedtke: *Marktforschung* findet immer statt. Marktforschung begleitet das Marketinggeschäft in allen Phasen. Aber wenn Sie mich so fragen, dann kann ich wohl sagen, dass der größte Teil der Marktforschung einer Produktinnovation vorangeht.

Bremer Kurier: Also gehören zu einem modernen Marketing die Marktforschung, das Formulieren von Marketingzielen, die Entwicklung entsprechender Marketingstrategien und deren Umsetzung durch die Marketinginstrumente, die vier Ps. Ist das richtig?

Dr. Liedtke: Das ist richtig, aber immer noch nicht vollständig. Am Ende muss der Erfolg und die Wirksamkeit aller Marketingmaßnahmen überprüft werden. Dazu gibt es das sogenannte *Marketingcontrolling*. Dort werden vor allem *Soll-Ist-Vergleiche wichtiger Kennzahlen* vorgenommen, wie zum Beispiel Umsatzkennzahlen einzelner Produktgruppen. Darüber hinaus unterstützt uns das Marketingcontrolling durch periodische *Beratung zu Marketingzielen und -strategien* für die nächste Periode.

Bremer Kurier: Nun noch eine letzte Frage: Welches Produkt werden Sie als Nächstes auf den Markt bringen?

Dr. Liedtke: Wir führen kommende Woche in Hohwacht an der Ostsee unseren alljährlichen Strategieworkshop durch. Dort legen wir den Kurs für das nächste Jahr fest. Ich kann heute noch nichts darüber sagen.

Bremer Kurier: Dr. Liedtke, wir danken Ihnen für das Gespräch.

Das Interview führte Thomas Fischer.

B Marketingziele und -strategien

1 Praxisfall „Careli GmbH“

Formulieren geeigneter Marketingziele

Auf dem Strategieworkshop der Careli GmbH in Hohwacht an der Ostsee sind die Marketingziele der erste Tagesordnungspunkt. Folgende Marketingzielvorschläge liegen zur Abstimmung vor.

1. Careli steigert seinen Gesamtumsatz um 5 %.
2. Careli wird Marktführer auf dem gesamten Markt für Taschen bis zum 31. Januar 2010.
3. Careli steigert seinen Marktanteil im Marktsegment „Frauen ab 30“ bis zum 31. Dezember 2010.
4. Careli-Produkte haben am 1. März 2008 beim Kunden ein gutes Image.
5. Careli senkt seine Marketingkosten um 10 % durch die Senkung des Werbebudgets.
6. Careli erhöht seinen Bekanntheitsgrad um 25 % bis zum 31. Dezember 2010.

Arbeitsaufträge:

1. *Überprüfen Sie die Ziele mithilfe der Regeln der Zielformulierung im nachfolgenden Infotext und formulieren Sie – sofern erforderlich – Verbesserungsvorschläge.*

zu Ziel 1: ____________________

____

zu Ziel 2: ____________________

____

zu Ziel 3: ____________________

____

zu Ziel 4: ____________________

____

zu Ziel 5: ____________________

____

zu Ziel 6: ____________________

____

2. *Tragen Sie in den hellen Feldern die betreffende Zielbeziehung ein:*

	Ziel Nr. 1	Ziel Nr. 2	Ziel Nr. 3	Ziel Nr. 4	Ziel Nr. 5	Ziel Nr. 6
Ziel Nr. 1						
Ziel Nr. 2						
Ziel Nr. 3						
Ziel Nr. 4						
Ziel Nr. 5						
Ziel Nr. 6						

Infotext: Marketingziele

Zu Beginn einer Periode werden aus den übergreifenden Unternehmenszielen verbindliche Marketingziele abgeleitet. Sie sind richtungsweisend für alle weiteren Marketingentscheidungen.

Regeln zur Formulierung zweckmäßiger Marketingziele

Folgende Formulierungsregeln von Zielen haben sich in der Betriebswirtschaft bewährt:[1]

1. Jedes Ziel ist realistisch und tatsächlich erreichbar.
2. Jedes Ziel ist eindeutig und unmissverständlich formuliert.
3. Jedes Ziel ist objektiv messbar (operationalisierbar) formuliert.
4. Jedes Ziel weist aus bis wann es erreicht sein soll (Zeitbezug).
5. Jedes Ziel lässt den Lösungsweg offen, damit keine kreativen Lösungsideen ausgeschlossen werden.

Zielarten

Grundsätzlich unterscheidet man ökonomische und psychologische Marketingziele:

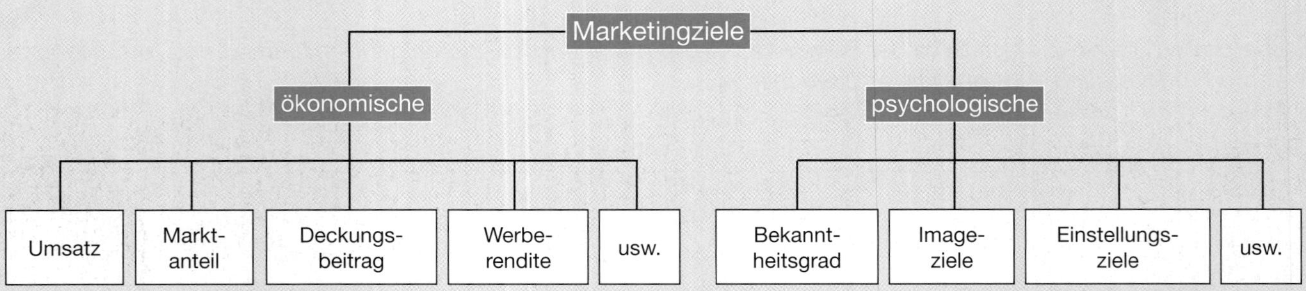

Zielbeziehungen

Ziele stehen prinzipiell in bestimmten Beziehungen zueinander:

komplementäre Zielbeziehung	neutrale (indifferente) Zielbeziehung	konfliktäre Zielbeziehung
Das Verfolgen eines Ziels Z_1 fördert das Erreichen eines anderen Ziels Z_2:	Das Verfolgen eines Ziels Z_1 hat keine Auswirkung auf das Erreichen eines anderen Ziels Z_2:	Das Verfolgen eines Ziels Z_1 behindert das Erreichen eines anderen Ziels Z_2:

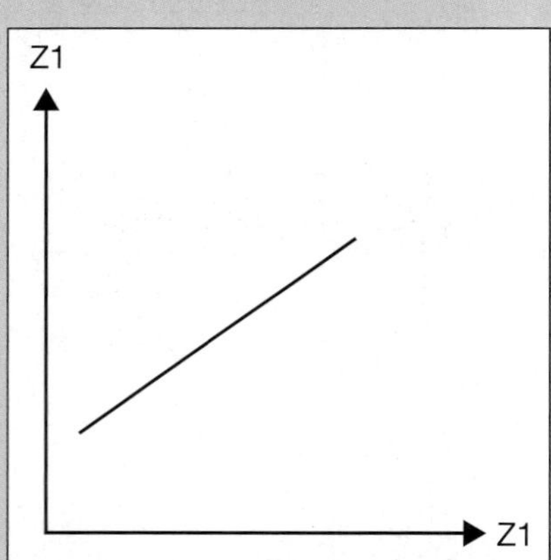

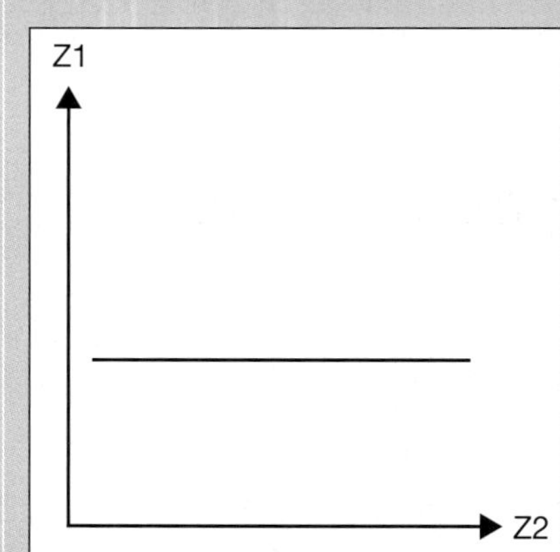

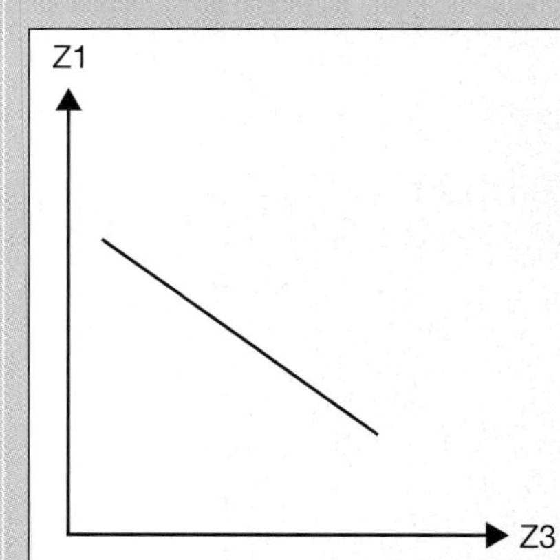

Konfliktäre Ziele müssen in eine Zielhierarchie eingeordnet werden, damit das Management im Zweifelsfall entscheidungsfähig bleibt.

[1] ähnlich die SMART-Regel: spezifisch, messbar, angemessen, realistisch, terminiert

Aufspüren von Wachstumschancen: Wachstumsstrategien

Zur Erreichung der Umsatzziele wurden in einer Besprechung unterschiedliche Marketingmaßnahmen vorgeschlagen. Diese sollen nun vier grundlegenden Wachstumsstrategien zugeordnet und um weitere Vorschläge ergänzt werden.

Arbeitsaufträge:

1. *Ordnen Sie mithilfe des folgenden Infotextes die vorliegenden Marketingmaßnahmen den vier Wachstumsstrategien (siehe Kasten) zu:*
   a) Die Tasche „Bremen" wird zukünftig auch mit Innenfächern versehen und als Fototasche vermarktet.
   b) Careli handelt mit einer Kaufhauskette eine größere Regalfläche für seine Produkte aus.
   c) Careli bietet fortan Erlebnisreisen für Senioren an.
   d) Careli bietet die Reisetasche „Berlin" gemeinsam mit dem Koffer „Champion" zum Sonderpreis an.
   e) Careli nimmt Trolleys in die Produktgruppe „business" auf.
   f) Careli erweitert sein Produktprogramm um Taschen für Sportler.
   g) Careli kann seine Produkte zukünftig in einer polnischen Edelkaufhauskette platzieren.
   h) Careli-Taschen werden zukünftig auch in Tankstellenshops angeboten.
   i) Careli nimmt einen wasserdichten Reisekoffer in sein Programm auf.
   j) Careli verkauft seine bewährten Patentverschlüsse (Halbfertigprodukt) an einen finnischen Rucksackhersteller.
   k) Careli bietet zukünftig Taschen für Jugendliche an.

Zielgruppe / *Produkte*	*gegenwärtig*	*neu*
gegenwärtig	**Marktdurchdringungsstrategie**	**Marktentwicklungsstrategie**
neu	**Produktentwicklungsstrategie**	**Diversifikationsstrategie**

2. *Ergänzen Sie für die Wachstumsstrategie einen eigenen Maßnahmenvorschlag und tragen Sie ihn in das betreffende Feld ein.*

Infotext: Wachstumsstrategien

Ein wachstumsorientiertes Unternehmen muss sich entscheiden, ob es bei seinen bisherigen Produkten bleiben oder neue Produkte anbieten will. Gleichzeitig stellt sich die Frage, ob sich das Produktangebot an die bisherigen oder an neuartige Zielgruppen richten soll. Es ergeben sich damit vier Kombinationsmöglichkeiten, welche als „Wachstumsstrategien" (auch „Marktfeldstrategien") bezeichnet werden:

Zielgruppe / *Produkte*	*gegenwärtig*	*neu*
gegenwärtig	**Marktdurchdringungsstrategie**	**Marktentwicklungsstrategie**
neu	**Produktentwicklungsstrategie**	**Diversifikationsstrategie**

Marktdurchdringungsstrategie

Der bisherige Markt soll noch intensiver als bislang „durchdrungen" werden: Das Unternehmen versucht deshalb, noch mehr seiner gegenwärtigen Produkte bei seiner bisherigen Zielgruppe abzusetzen, indem es zum Beispiel ...

- ... seine Verkaufseinheiten vergrößert,
- ... durch eine geringere Produktqualität die Nachkaufrate erhöht,
- ... durch erhebliche Preissenkungen bisherige Nichtkäufer zum Kauf verleitet,
- ... durch eine neue Werbestrategie Kunden von Wettbewerbern abzieht,
- ... usw.

Marktentwicklungsstrategie

Das Unternehmen bietet seine bisherigen Produkte (ggf. mit geringfügigen Produktveränderungen) fortan neuen Zielgruppen an, indem es zum Beispiel ...

- ... das Produkt in neuen Regionen oder Ländern anbietet,
- ... durch neue Einsatz- bzw. Anwendungsbereiche das Produkt für andere Käufergruppen interessant macht (z. B. Profibohrmaschine nun auch für Heimwerker, Süßigkeiten auch als Geschenkartikel),
- ... usw.

Produktentwicklungsstrategie (Innovationsstrategie)

Das Unternehmen entwickelt neue Produkte für bisherige Zielgruppen, etwa in Form ...

- ... völlig neuartiger Produkte (echte Innovationen, z. B. Hybridmotor für PKW),
- ... von Weiterentwicklungen bestehender Produkte („Quasi-Innovationen", z. B. neuer VW Golf),
- ... von Nachahmungen von Wettbewerbsprodukten („Me-too-Produkte", z. B. Faltdach des Peugeot 206 cc als Nachahmung des Mercedes SLK),
- ... usw.

Diversifikationsstrategie

Das Unternehmen bietet neuartige Produkte für ganz neue Zielgruppen an. Beispiel: Yamaha bietet neben Motorrädern auch Musikinstrumente an.

Zerlegen des Marktes in Teilmärkte: Marktsegmentierungsstrategien

Die Careli GmbH ist nicht in jedem Marktsegment des Taschenmarktes vertreten. Um das geplante Umsatzwachstum zu erreichen, erwägt die Marketingabteilung, neue Taschen entweder für das Marktsegment „Sportler“ oder aber das Segment „Jugendliche“ anzubieten. Der Kollege aus der Markforschung weiß Folgendes zu berichten:

- **Marktsegment „Sportler“**: Sportler sind für Taschenanbieter seit jeher ein bedeutendes und stabiles Marktsegment. Die Aussage des Einzelhandels dazu ist: „Sporttaschen werden immer gebraucht.“ Dieses Jahr wurde allein mit Sporttaschen in Deutschland[1] ein Marktvolumen von 210 Mio. EUR erreicht, darüber hinaus wächst dieser Markt immer noch mit einer jährlichen Wachstumsrate von 3 %. Es gibt jedoch zahlreiche etablierte Anbieter für Sporttaschen, sodass Careli bestenfalls einen langfristigen Marktanteil von 2 % realisieren kann. Das kann aufgrund der Größe dieses Marktsegments jedoch einen erheblichen Umsatz für Careli bedeuten.

- **Marktsegment „Jugendliche“**: Laut Außendienstbericht sieht der Einzelhandel bundesweit einen zunehmenden Bedarf an originellen alltags- und schultauglichen Taschenmodellen für die Zielgruppe Jugendliche im Alter von 16 bis 26 Jahren. Es handele sich dabei um einen grundsätzlichen Trend in dieser Altersgruppe – weg von der Einheitstasche hin zum persönlichen Lifestyleprodukt. Allein in Hamburg[2] wurde in diesem Jahr ein Markvolumen von 980.000,00 EUR realisiert, das jährliche Marktwachstum beträgt etwa 20 %. Careli kann bereits im Folgejahr mit einem erfolgreichen Produkt einen Marktanteil von etwa 15 % erreichen.

Arbeitsaufträge:

1. *Errechnen Sie mithilfe des Glossars die Umsatzaussichten beider Marktsegmente auf dem deutschen Markt für das Unternehmen Careli im Folgejahr. Gehen Sie bei Ihren Berechnungen davon aus, dass die Hälfte des erwirtschafteten Umsatzes auf den Handel entfällt. Für welches Marktsegment sollte sich Careli bei vergleichbarer Kostensituation entscheiden?*

2. *Prüfen Sie mithilfe der Segmentierungskriterien aus dem nachfolgenden Infotext, ob Careli dieses Marktsegment noch weiter segmentieren sollte, und beraten Sie das Unternehmen.*

3. *Welche Segmentierungsstrategie betreibt die Careli GmbH mit ihren Produktgruppen auf dem Gesamtmarkt für Taschen? Nehmen Sie den nachfolgenden Infotext zu Hilfe und begründen Sie ihre Meinung.*

[1] 82,5 Mio. Einwohner

[2] ca. 1,7 Mio. Einwohner

Infotext: Massenmarkt- und Marktsegmentierungsstrategien

Von der Massenmarktstrategie zur Marktsegmentierungsstrategie

In den Nachkriegsjahren bis Ende der Sechzigerjahre war der Mangel an Konsumgütern in Deutschland so gravierend, dass die Hersteller undifferenzierte Massenprodukte (z. B. Jägermeister, Persil, Pritt, Odol) erfolgreich verkaufen konnten. Auf diese Weise konnten die Unternehmen mit geringen Kosten die Bedürfnisse der breiten Masse bedienen. Dieses Vorgehen nennt man „Massenmarktstrategie".

Seit sich jedoch in den Siebziger- und Achtzigerjahren auf fast allen Konsumgütermärkten eine Sättigung abzeichnete, wurden die Kunden nach und nach anspruchsvoller, sodass die meisten Unternehmen gezwungen waren, individuelle Kundenwünsche zu berücksichtigen. Aus diesem Grund zerlegten sie ihren Gesamtmarkt mit Kunden unterschiedlicher Bedürfnisse in kleinere Teilmärkte mit Kunden gleichartiger Bedürfnisse, um sich dann auf diese Teilmärkte zu spezialisieren.

Beispiel Eine Brauerei zerlegt den gesamten Biermarkt nach den Kundenbedürfnissen in die Marktsegmente „Pils", „Weizen", „alkoholfreies Bier", „Lemonbier" usw.

Definition Marktsegmentierung: Das Zerlegen eines heterogenen[1] Gesamtmarktes in homogene[2] Teilmärkte sowie die anschließende Bearbeitung dieser Teilmärkte bezeichnet man als „Marktsegmentierung".

Überblick: Massenmarkt- und Marktsegmentierungsstrategien

Abhängig davon, welche Kunden das Unternehmen bedienen will und ob es seine Marketingmaßnahmen nach Kunden differenzieren wird, sind vier grundlegende Strategien möglich:

		Segmentierungsstrategien		
	Massenmarkt-strategie	Segment-konzentration	selektive Spezialisierung	Strategie der Marktabdeckung
Marketing-maßnahmen	undifferenziert	undifferenziert	differenziert	differenziert
Grad der Marktabdeckung	Bearbeitung des heterogenen Gesamtmarktes	Bearbeitung eines Segmentes	Bearbeiten ausgewählter Segmente	Bearbeiten aller Segmente

Massenmarkt- und Marktsegmentierungsstrategien

Beispiel Ein Armbanduhrenhersteller muss sich entscheiden:

- ***Massenmarktstrategie**: Anbieten eines Uhrenmodells für den bundesdeutschen Markt*
- ***Strategie der Segmentkonzentration**: Konzentration auf das Marktsegment „Damenuhren"*
- ***Strategie der selektiven Spezialisierung**: Spezialisierung auf die Marktsegmente „Damenuhren" und „Kinderuhren"*
- ***Strategie der Marktabdeckung**: Abdecken aller Marktsegmente: „Damenuhren", „Herrenuhren", „Kinderuhren", „Taucheruhren", „Designeruhren" usw.*

---

[1] ungleichartig, andersartig

[2] gleichartig

Markt oder Marktsegment?

Ob es sich bei der Nachfrage nach einem Produkt um einen Markt oder ein Marktsegment handelt, ist grundsätzlich abhängig von der Abgrenzung des Marktes.

Beispiel Ein Hersteller für Körperpflegeprodukte kann den Markt für Duschgels abgrenzen und das Marktsegment „Medizinische Duschgels" definieren. Ebenso kann er den Markt für medizinische Duschgels abgrenzen und das Marktsegment „Medizinische Duschgels ohne Konservierungsstoffe" definieren usw.

Segmentierungskriterien

Um einen Markt segmentieren zu können, bedarf es kaufrelevanter und gleichzeitig handhabbarer Segmentierungskriterien („Trennvariablen"), mit deren Hilfe die gesuchten homogenen Teilgruppen identifiziert werden können:

Segmentierungskriterium	Beispiel
geografisch	
Nation	Engländer kaufen nur Autos mit Steuer auf der rechten Seite.
Klimazone	Südeuropäer kaufen mehr Cabrios als Nordeuropäer.
demografisch	
Alter	Ältere Menschen investieren mehr Geld in Sicherheit als jüngere Menschen.
Geschlecht	Frauen fahren lieber kleinere Autos als Männer.
Einkommen	Manager kaufen luxuriösere Autos als Sachbearbeiter.
Familienstand	Familien benötigen geräumigere Autos als Singles.
Beruf	Handwerker brauchen geräumigere und weniger empfindliche Fahrzeuge als Kaufleute.
psychografisch	
Lebensstil	Bescheidene Menschen bevorzugen unauffälligere Autos als prestige- und statusorientierte Menschen.
Persönlichkeit	Aggressive Persönlichkeiten bevorzugen schnellere Autos als vorsichtige Persönlichkeiten.
Nutzenerwartung	Landwirte und Pferdezüchter verlangen Autos mit anderen Leistungsmerkmalen als Außendienstmitarbeiter.

Anforderungen an Marktsegmente

Damit eine Marktsegmentierung überhaupt möglich und auch betriebswirtschaftlich sinnvoll ist, müssen die Marktsegmente vor allem folgenden Anforderungen genügen:

- Das Marktsegment hat die erforderliche Mindestgröße, um den Segmentierungsaufwand zu rechtfertigen.
- Das Marktsegment existiert über einen hinreichend langen Zeitraum.

Abgrenzen vom Wettbewerb: Positionierungsstrategien

Nun sollen die bisherigen Positionierungsstrategien von Careli und seinen Wettbewerbern grafisch dargestellt werden.

Arbeitsaufträge:

1. *Bestimmen Sie für das ausgewählte Marktsegment die Position der wichtigsten Konkurrenzmarken von Careli (Esprit, H & M, Eastpak, TCM von Tchibo, Lacoste, s.Oliver und bei Bedarf weitere) im Eigenschaftsraum. Nehmen Sie dabei den nachfolgenden Infotext zu Hilfe und tragen Sie alle Produkte in folgender Grafik ein:*

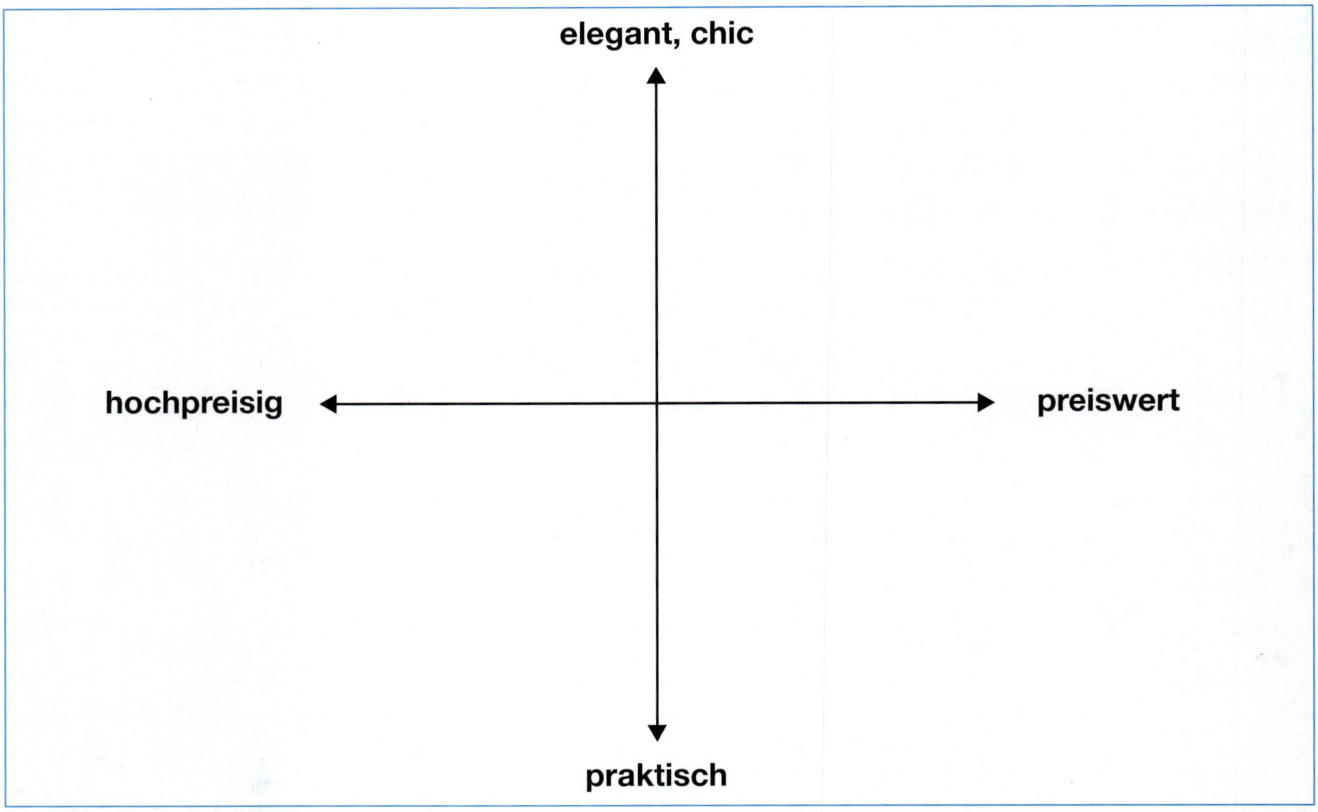

2. *Durch welche Marketingmaßnahmen haben sich diese Anbieter in Ihrer Gedankenwelt positioniert? Erläutern Sie dazu, wie Sie auf die einzelnen Positionen gekommen sind.*

3. *Tragen Sie die Position von Careli im Eigenschaftsraum ein und begründen Sie Ihre Meinung.*

4. *Bei dem Versuch einer Positionierung von Careli sowie einiger seiner Wettbewerber wurde von mehreren Managern Kritik am zweidimensionalen Eigenschaftsraum geübt. Prüfen Sie Vor- und Nachteile dieser Darstellungsform und entwickeln Sie Verbesserungsvorschläge.*

Infotext: Positionierungsstrategien

Positionierung durch USP

Um bei der Vielzahl der am Markt befindlichen Konkurrenzprodukte überhaupt noch vom Kunden wahrgenommen zu werden, muss jedes Unternehmen darauf bedacht sein, sich durch seine besonderen Stärken gegenüber der Konkurrenz abzuheben. Zu diesem Zweck wird für jedes Produkt ein einzigartiger Verkaufsvorteil (Alleinstellungsmerkmal, auch „unique selling proposition", kurz: „USP") bestimmt und dem Kunden vor Augen geführt. Auf diese Weise wird das Produkt in der Gedankenwelt des Kunden gegenüber den Konkurrenzprodukten abgegrenzt bzw. „positioniert". Wahlweise kann ein Produkt, eine Produktgruppe oder das ganze Unternehmen positioniert werden.

Beispiele *Apollinaris („Queen of Tablewaters") positioniert sein Mineralwasser als edel und hochwertig; Sebamed-Duschgel wird als „medizinisches Duschgel" positioniert; Media Markt positioniert sich als Niedrigpreisanbieter usw.*

Grafische Darstellung im Eigenschaftsraum

Im „zweidimensionalen Eigenschaftsraum" lassen sich in einfacher Weise die Positionen aller Wettbewerber in einem Markt grafisch darstellen. Es handelt sich um ein Koordinatensystem mit vier Achsen. Als Achsenbezeichnungen werden die Produkteigenschaften eingetragen, welche aus Sicht der Verbraucher kaufentscheidend sind. Abhängig davon, wie ausgeprägt die einzelnen Produkteigenschaften von den Konsumenten wahrgenommen werden, lassen sich die einzelnen Produkte räumlich „positionieren".

Beispiel

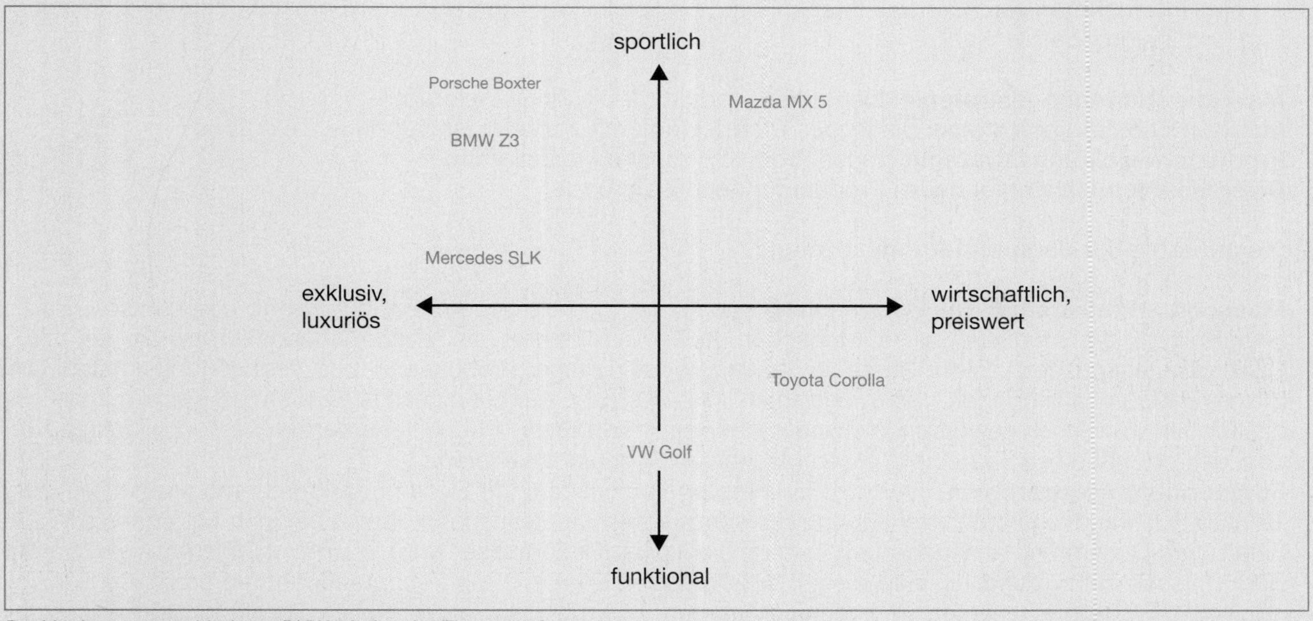

Positionierung verschiedener PKW-Marken im Eigenschaftsraum

Sofern das Unternehmen bzw. das Produkt noch nicht positioniert wurde, kann es sich nun eine unbesetzte Positionierungslücke im Eigenschaftsraum aussuchen und diese als USP festlegen. Voraussetzung ist, dass es für diese Eigenschaftskombination eine ausreichende Nachfrage gibt.

Merke: Der zweidimensionale Raum soll das Prinzip der Positionierung veranschaulichen und ist nicht immer anwendbar.

Umsetzung der Positionierungsstrategie durch den Marketingmix

Um die gewünschte Positionierung in der Gedankenwelt des Kunden zu erreichen, müssen zukünftig alle Marketingmaßnahmen auf den entsprechenden USP ausgerichtet und miteinander abgestimmt werden. Dabei geht es vor allem um die Gestaltung von Produkt, Preis, Werbung sowie um die Auswahl der Geschäfte, in denen das Produkt erhältlich sein soll. Die abgestimmte Kombination dieser Marketingmaßnahmen bezeichnet man als „Marketingmix".

2 Marketingziele und -strategien kompakt

Marketingziele

In modernen Unternehmen werden zu Beginn einer Periode Marketingziele formuliert. Diese Marketingziele werden abgeleitet aus übergreifenden Unternehmenszielen und Empfehlungen des Marketingcontrollings der Vorperiode. Dabei werden ökonomische Marketingziele (Umsatz-, Marktanteils-, Deckungsbeitragsziele usw.) in der Regel jährlich und psychologische Marketingziele (Bekanntheitsgrad-, Image-, Einstellungsziele usw.) gewöhnlich in Abständen von mehreren Jahren festgelegt. Diese Ziele dürfen nicht beliebig formuliert werden, sondern müssen realistisch, unmissverständlich, messbar, lösungsneutral und zeitlich definiert sein.
Bei der Formulierung von Zielen sollte allen Beteiligten stets bewusst sein, in welchen Beziehungen diese Ziele untereinander, aber auch gegenüber Zielen aus anderen Unternehmensbereichen stehen: Handelt es sich um komplementäre, neutrale oder konfliktäre Zielbeziehungen? Konfliktäre Zielbeziehungen erfordern die Festlegung von Zielprioritäten.

Marketingstrategien als Wege zu Marketingzielen

Damit die vielfältigen Entscheidungen im Alltag einer Marketingabteilung nicht durcheinander gehen, sondern systematisch aufeinander abgestimmt sind und tatsächlich zur Erreichung der Marketingziele führen, müssen übergreifende Strategien als Wege zu den Marketingzielen vereinbart werden. Diese Strategien können verstanden werden als ein systematisches, planmäßiges und langfristig durchdachtes Vorgehen zur Erreichung von Marketingzielen. Dabei hat jedes Unternehmen die Freiheit, sich eigene Strategien auszudenken. Aus diesem Grunde gibt es zahllose Strategiebegriffe und Strategiekonzepte, von denen hier nur die wichtigsten und bekanntesten vorgestellt werden sollen:

Wachstumsstrategien

Sofern ein Unternehmen wachsen will, stehen ihm prinzipiell vier grundlegende Kombinationsmöglichkeiten von Produkt und Zielgruppe zur Wahl:

- **Marktdurchdringungsstrategie**: bisheriges Produkt für bisherige Zielgruppe
- **Marktentwicklungsstrategie:** bisheriges Produkt (ggf. mit Änderungen) für neue Zielgruppe
- **Produktentwicklungsstrategie:** neues Produkt für bisherige Zielgruppe
- **Diversifikationsstrategie:** neues Produkt für neue Zielgruppe

Massenmarkt- oder Segmentierungsstrategie?

- **Massenmarktstrategie:** Das Unternehmen sucht „den gemeinsamen Nenner“ einer breiten Masse, also die Bedürfnisse, die möglichst viele Menschen teilen, und bietet ein entsprechendes Produkt für alle an („Schrotflintenkonzept“). Diese Strategie hat den Vorteil geringer Produktions- und Vermarktungskosten. Diese Strategie war vor allem in den Nachkriegsjahren sehr verbreitet. Aufgrund gesättigter Märkte („Käufermärkte“) sind die Kunden wählerisch geworden und sind in der Regel nicht mehr mit undifferenzierten Massenprodukten zufrieden, deshalb hat diese Strategie in vielen Märkten an Bedeutung verloren.
- **Segmentierungsstrategien:** Hier wird ein heterogener (vielfältiger) Gesamtmarkt in homogene (gleichartige) Teilmärkte („Marktsegmente“) zerlegt und mit spezifischen Marketingmaßnahmen bedient. Mit anderen Worten: Eine bunte Gesamtheit an Kunden mit unterschiedlichen Bedürfnissen wird in Untergruppen mit gleichartigen Bedürfnissen zerlegt und für jede dieser Untergruppen spezielle Marketingmaßnahmen ergriffen. Prinzipiell müssen drei Strategievarianten unterschieden werden:

    - **Segmentkonzentration („Nischenstrategie“):** Das Unternehmen konzentiert sich mit seinem Produktangebot und seinem Marketing auf nur ein Segment.
    - **Selektive Segmentspezialisierung:** Das Unternehmen bietet differenzierte Produkte für ausgewählte Segmente an. Die Marketingmaßnahmen werden je nach Segment differenziert.
    - **Marktabdeckung:** Das Unternehmen bedient alle Segmente mit entsprechend differenzierten Produkten und Marketingmaßnahmen.

Positionierungsstrategie

Um im Wettbewerb nicht als unauffälliger Außenseiter unbemerkt zu bleiben, sondern als attraktive Kaufalternative wahrgenommen zu werden, versucht das Unternehmen, ein „Alleinstellungsmerkmal“ zu besetzen, um sich deutlich von den Wettbewerbern zu unterscheiden. Dazu wird ein einzigartiger Verkaufsvorteil („USP“) herausgestellt, der in der Wahrnehmung der Kunden verankert werden soll. Grundsätzlich lassen sich Produkte, Produktgruppen, aber auch das ganze Unternehmen positionieren. Um vom Kunden deutlich wahrgenommen zu werden, sollte sich das Unternehmen besser auf einen (für alle Produkte gültigen) USP konzentrieren, statt zu versuchen, mehrere USPs zu besetzen. Das würde zur Verwässerung der Einzigartigkeit führen.

Strategie der Kostenführerschaft

Das Unternehmen versucht, durch geringe Herstellungskosten seine Produkte preisgünstiger als die Wettbewerber anzubieten und dadurch seine Marktposition abzusichern. Ansatzpunkte der Kostensenkung sind vor allem der systematische Auf- und Ausbau von Erfahrungen, Rationalisierungen im Produktionsprozess sowie bessere Kostenkontrollen.

Investitions- oder Desinvestitionsstrategie?

Abhängig von den erwarteten Umsatzperspektiven von Produkten oder Produktgruppen entscheidet sich das Unternehmen, Geld für neue Produktionsanlagen auszugeben oder die betreffenden Anlagen abzubauen. Diese Strategien werden im Abschnitt „H Marketingcontrolling" vertieft.

Customer-Relationsship-Management-Strategien (CRM-Strategien)

Man geht davon aus, dass es etwa fünfmal teurer ist, einen neuen Kunden zu gewinnen, als einen Stammkunden zu halten bzw. aus einem unzufriedenen Kunden einen zufriedenen Kunden zu machen. Deshalb streben die Unternehmen an, einmal gewonnene Kunden langfristig an sich zu binden („Beziehungsmarketing"). CRM stellt in diesem Zusammenhang eine kundenorientierte Unternehmensstrategie dar, welche alle Geschäftsprozesse konsequent auf den Kunden und seine Bedürfnisse ausrichtet. Mithilfe von Informations- und Kommunikationstechnologien (vor allem Datenbanken) werden möglichst viele Kundenmerkmale und Kundenwünsche sowie Informationen über sein Einkaufsverhalten erfasst und allen Marketing- und Vertriebsmitarbeitern überall zur Verfügung gestellt. So können etwa Vertriebsmitarbeiter bei Kundengesprächen jederzeit auf ihrem Bildschirm das Einkaufsverhalten dieser Kunden nachvollziehen.

Umsetzung der Strategien durch operatives Marketing

Hat das Unternehmen seine Strategien beschlossen, so werden diese durch das operative Marketing („Tagesgeschäft") umgesetzt. Dazu werden im Marketingalltag zahlreiche Entscheidungen getroffen, welche sich in vier Gruppen einteilen lassen:

- **Produktpolitik:** alle Entscheidungen rund um die Produktentwicklung und -gestaltung
- **Preispolitik:** alle Entscheidungen rund um die Gestaltung von Preisen und Konditionen
- **Distributionspolitik:** alle Entscheidungen rund um die Auswahl von Absatzwegen, Lagerung und Transport der vermarkteten Güter
- **Kommunikationspolitik:** alle Entscheidungen rund um Werbung, PR und andere Kommunikationsmaßnahmen gegenüber dem Kunden

Natürlich müssen die Entscheidungen aus diesen vier Bereichen abgestimmt werden: So kann ein hochpreisiges Edelprodukt nicht im Billig-Discounter verkauft werden usw. Die abgestimmte Kombination aller Entscheidung aus den vier Politikbereichen bezeichnet man als **„Marketingmix"**.
Die Aufstellung der Marketingziele, die Entwicklung der Marketingstrategien sowie die Umsetzung der Strategien durch das operative Marketing greifen dabei laufend auf die Ergebnisse der Marktforschung zurück.

3 Vertiefungsaufgaben

1. *Warum werden Imageziele langfristiger (ca. fünf Jahre) festgelegt als Umsatzziele (ca. ein Jahr)?*

2. *Ein Hersteller von Babynahrung verfolgt gleichzeitig das Ziel, auch in ausländischen Supermärkten vertreten zu sein sowie die Marketingkosten zu senken. Erläutern Sie die Zielbeziehung sowie die erforderliche Entscheidung.*

3. *Das Programm des Fahrradherstellers Russ umfasst die Produktgruppen „Trekking-Bikes“, „Mountain-Bikes“, „traditionelle Stadtfahrräder“, „Hollandfahrräder“ sowie „technisches Zubehör“. Um einem Umsatzrückgang entgegenzuwirken, denkt Russ über verschiedene Wachstumsstrategien nach.*
a) Um welche Wachstumsstrategien handelt es sich in den folgenden Fällen?
- *Aufnahme von Fahrradtaschen in das Programm*
- *Durchführen einer Sonderpreisaktion im Juli*
- *Aufbau eines Webshops zur Gewinnung überregionaler Kunden*
- *Aufnahme von Motorradkleidung in das Programm*

b) Unterbreiten Sie Russ für jede der Ihnen bekannten Wachstumsstrategien einen eigenen Vorschlag.

4. *Positionieren Sie folgende Duschgels im Eigenschaftsraum: Adidas, Nivea, Blue Moon (Plus), Fa, Dove, Calvin Klein, Isana (Rossmann), Cliff, Sebamed, Palmolive*

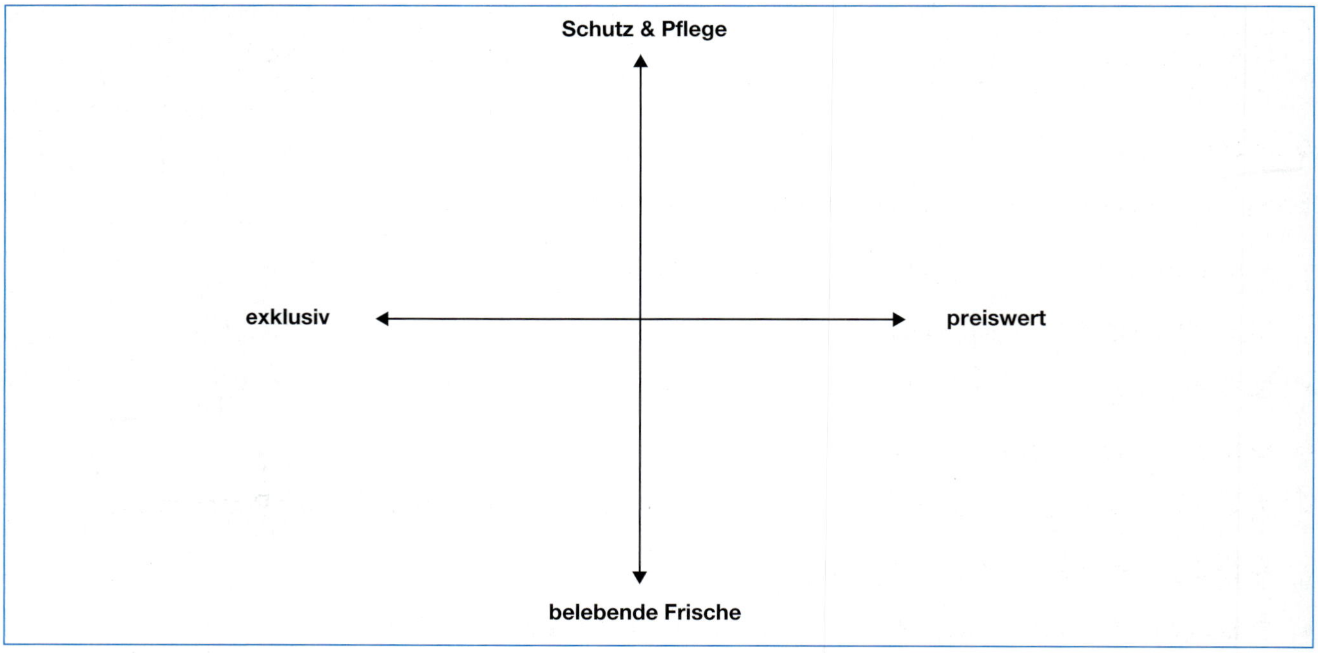

5. *Segmentieren Sie den Sporttaschenmarkt, indem Sie Kundengruppen mit gleichartigen Anforderungen an eine Sporttasche zusammenfassen. Kreisen Sie diese einfach mit einem Stift ein und begründen Sie Ihr Vorgehen.*

Schwimmer

Fahrradfahrer **Karate-Sportler**

Fitness-Sportler **Badmintonspieler** **Fußballspieler**

Golfspieler **Handballspieler**

Tennisspieler

6. *Nennen Sie Beispiele für Ihnen bekannte CRM-Strategien.*

C Marktforschung

1 Praxisfall „Careli GmbH“

Planen der Schritte einer Befragung

Careli plant den Aufbau einer neuen Produktgruppe „young-line“ für die Zielgruppe „Jugendliche im Alter von 16 bis 22 Jahren". Als erstes Produkt der young-line soll eine Schultasche auf den Markt gebracht werden. Um die Wünsche der Zielgruppe besser kennenzulernen, plant die Marketingabteilung von Careli eine Marktforschung in Form einer Befragung. Damit diese wie auch zukünftige Befragungen systematisch und erfolgreich verlaufen, soll das gesamte Befragungsverfahren übersichtlich dargestellt werden.

Aus diesem Grund sollen zunächst die stets wiederkehrenden, grundsätzlichen Schritte (Stationen) eines Befragungsverfahrens benannt und anschließend alle zugehörigen Aktivitäten diesen Schritten zugeordnet werden.

Arbeitsauftrag 1:

Bringen Sie folgende Schritte bzw. Stationen einer Befragung in eine sinnvolle Reihenfolge, indem Sie diese als Überschriften in die Kopfzeilen des Ablaufschemas (siehe nächste Seite) eintragen:

- Durchführung der Interviews
- Entwickeln des Fragebogens
- Aufbereitung und Auswertung der Daten
- Präsentation der Ergebnisse
- Festlegung des Auswahlverfahrens
- Gespräch mit dem Auftraggeber

Arbeitsauftrag 2:

Ordnen Sie anschließend den einzelnen Stationen die folgenden Aktivitäten zu:

- Vorstellen der Ergebnisse gegenüber dem Auftraggeber
- Überarbeitung des Fragebogens
- Bestimmen der Größe der Stichprobe („Wie viele wollen wir befragen?“)
- Entwickeln eines ersten Fragebogens
- Zusammenstellen aller Ergebnisse (Diagramme, Interpretation) in einer strukturierten Präsentation
- Auszählen der Antworten auf die einzelnen Fragen
- Entscheidung für ein Auswahlverfahren („Wer genau soll befragt werden?“)
- Formulieren präziser Befragungsziele
- Sammlung von allen bedeutsamen Informationen (Recherchen, Expertenmeinungen usw.)
- Drucken der erforderlichen Anzahl an Fragebögen
- Befragen der ausgewählten Kandidaten
- Gruppieren (Klassifizieren) von Antworten auf offene Fragen
- Schriftliche Fixierung von Befragungsziel und Befragungsauftrag
- Darstellung der geordneten Daten in Diagrammen (z. B. Balkendiagramm, Tortendiagramm usw.)
- Klärung des Problems, das der Befragung zugrunde liegt
- Durchführung weniger Testbefragungen zur Überprüfung der Stimmigkeit des Bogens
- Analysieren und Interpretieren der Diagramme

Ablaufschema: Schritte einer Befragung

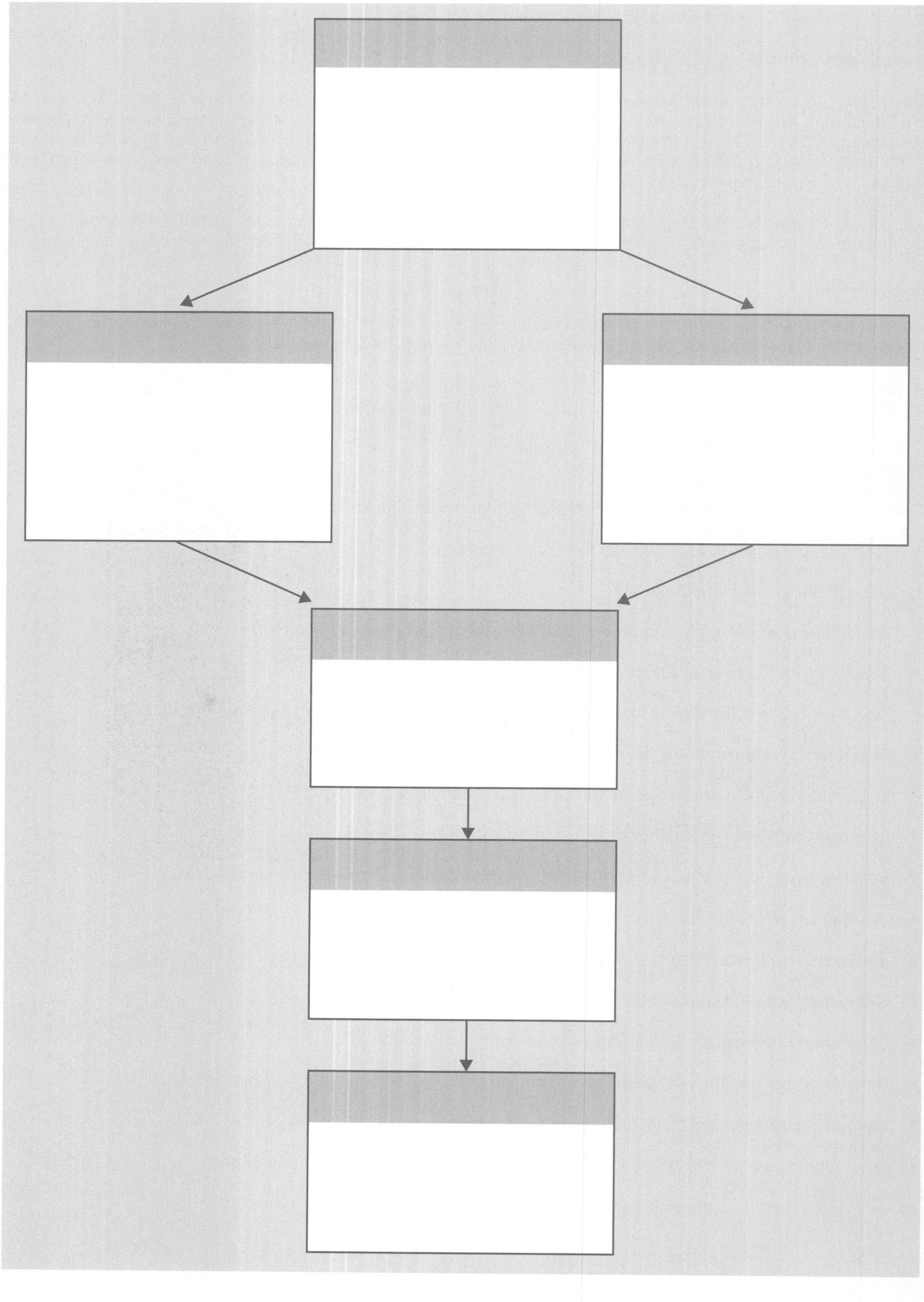

Entwickeln eines Fragebogens

Um die Produktentwicklung und Vermarktung der neuen Schultasche möglichst erfolgreich auf die Zielgruppe auszurichten, soll zunächst eine repräsentative Befragung durchgeführt werden, für die folgende Befragungsziele formuliert wurden:

Befragungsziele

Die Befragung liefert konkrete Hinweise ...

Ziel 1: ... zu geschlechtsspezifischen Anforderungen der Zielgruppe an das Produkt,
Ziel 2: ... zum Preis, den die Zielgruppe für das Produkt zu zahlen bereit wäre,
Ziel 3: ... zu bevorzugten Einkaufsstätten der Zielgruppe in Bezug auf Taschen,
Ziel 4: ... zu bevorzugten Medien, über welche die Zielgruppe mit Werbung erreicht werden kann.

Careli legt Wert darauf, dass sein Name in der Befragung nicht genannt wird.

Arbeitsaufträge:

Setzen Sie sich in Teams zusammen und bearbeiten Sie folgende Arbeitsaufträge:

1. *Erstellen Sie einen sachgerechten Fragebogen unter Berücksichtigung der*
   - *... vorliegenden Befragungsziele,*
   - *... Fragearten (im nachfolgenden Infotext),*
   - *... 12 Regeln der Fragebogenerstellung (im nachfolgenden Infotext).*

2. *Präsentieren Sie anschließend Team für Team Ihren Fragebogenentwurf gegenüber Ihren Mitschülern und nehmen Sie überzeugende Verbesserungsvorschläge auf.*

Infotext: Fragebogenerstellung

1. Fragearten hinsichtlich Fragefunktion

Eisbrecherfragen

Eisbrecherfragen haben die Aufgabe, Kontakt zum Befragten herzustellen und dessen Bereitschaft zur Teilnahme an der Befragung zu erhöhen.

Sachfragen

Sachfragen dienen der Klärung von Sachverhalten, die den Auftraggeber interessieren und sind damit inhaltlicher Natur. Sie machen den Löwenanteil der Fragen aus.

Überleitungsfragen (Pufferfragen)

Überleitungsfragen sollen die Gedanken des Befragten von vorangegangenen Themen abschirmen, welche häufig nachfolgende Fragen „überstrahlen“ können („Halo“-Effekt).

Beispiel *Die Beantwortung von Fragen, die sich mit dem Thema „Sexuelle Praktiken“ befassen, werden vermutlich in Abhängigkeit davon beantwortet werden, ob vorher über Schutzmaßnahmen gegen Aids oder über Verklemmtheit gesprochen wurde.*

Filterfragen

Filterfragen haben die Aufgabe, nachfolgende Fragen zu überspringen, sofern deren Beantwortung abhängig von der Beantwortung der vorangehenden Frage nicht mehr sinnvoll ist.

Beispiel *„Rauchen Sie?*
□ Ja   □ Nein

Wenn „Nein“, bitte weiter mit Frage 9.
Wenn „Ja“, bevorzugen Sie Filterzigaretten?“ usw.

Kontrollfragen

Kontrollfragen haben die Aufgabe, die Gültigkeit („Validität“) von Antworten zu kontrollieren, denn häufig geben die Befragten ggf. unbewusst unwahre Antworten. Dazu werden dem Befragten entweder wohlklingende, aber unglaubwürdige Antworten angeboten (z. B. „Ich lache nie über unanständige Witze“) oder bestimmte Sachverhalte werden mit anderen Worten wiederholt abgefragt.

2. Fragearten hinsichtlich Fragetechnik

Offene Fragen

Bei **offenen Fragen** soll der Befragte eine eigene Antwort selbst formulieren, er erhält keine Antworthilfen.

Beispiel *„Wie gefällt Ihnen das Fernsehprogramm des Privatsenders RTL?“*

Um die Beantwortung offener Fragen besser „steuern“ zu können, wurde die **Satzergänzungsfrage** entwickelt. Diese gilt als Sonderform der offenen Frage.

Beispiel *„Wenn ich RTL einschalte, dann stört es mich sehr, dass ______________________.“*

Geschlossene Fragen

Bei **geschlossenen Fragen** muss sich der Befragte für eine oder mehrere vorformulierte Antwortmöglichkeiten entscheiden. Grundsätzlich lassen sich dabei Alternativenvorgaben und Mehrfachvorgaben unterscheiden:

- **Alternativfrage:**[1] Der Befragte muss sich zwischen zwei vorgegebenen Antwortmöglichkeiten entscheiden. Dabei werden auch die Fragen als Alternativfragen eingeordnet, die dem Befragten zusätzlich eine Ausweichmöglichkeit einräumen, wie zum Beispiel „weiß nicht“ oder „keine Meinung“.

  Beispiel *„Halten Sie Frankreich für ein gutes Urlaubsland?* ☐ *Ja* ☐ *Nein* ☐ *Weiß nicht“*

- **Alternativfrage als Dialogfrage**: Der Befragte muss bei einem vorgegebenen fiktiven Dialog entweder einer Position oder gar nicht zustimmen.

  Beispiel *Die Kunden Müller und Krause unterhalten sich. Müller sagt: „Beim PC-Kauf achte ich nur noch auf den Preis.“ Krause erwidert: „Das sehe ich anders. Meine Kaufentscheidung mache ich vom Service abhängig.“*

  Wem würden Sie zustimmen? ☐ Müller ☐ Krause ☐ keinem von beiden

- **Mehrfachauswahlfrage mit einer Nennung**: Der Befragte soll aus mehreren vorgegebenen Antwortmöglichkeiten eine auswählen.

  Beispiel *„Welches Merkmal hat Sie an Ihrem Partner zuerst angesprochen?*
  ☐ *gutes Aussehen*
  ☐ *Humor*
  ☐ *beruflicher Erfolg*
  ☐ *Selbstbewusstsein*
  ☐ *finanzielle Großzügigkeit“*

- **Skalafrage**: Die Skala ist eine Sonderform der Mehrfachauswahlfrage mit einer Nennung: Auch hier soll der Befragte zwischen mehreren vorgegebenen Antwortmöglichkeiten eine auswählen. Die Antwortmöglichkeiten lassen sich jedoch auf einer Skala in eine Reihenfolge bringen und können, abhängig von der Art der Skala, mehr oder weniger präzise messen:

  Beispiel *„Wie zufrieden sind Sie mit Ihrem Auto?*

☐ *+ + oder:*	☐ *sehr zufrieden*	*oder:* ☺ 😐 ☹
☐ *+*	☐ *zufrieden*	
☐ *0*	☐ *mal so, mal so*	
☐ *–*	☐ *eher unzufrieden*	
☐ *– –*	☐ *sehr unzufrieden*	

  oder: sehr zufrieden ☐ ☐ ☐ ☐ ☐ ☐ ☐ ☐ ☐ *gar nicht zufrieden”*

- **Mehrfachauswahlfrage mit mehreren Nennungen**: Der Befragte kann mehrere Antwortmöglichkeiten auswählen. Eine Rangfolge der Antwortmöglichkeiten besteht nicht.

  Beispiel *„Welche dieser Getränke kaufen Sie gewöhnlich ein?*
  ☐ *Mineralwasser*
  ☐ *O-Saft*
  ☐ *A-Saft*
  ☐ *Limonade*
  ☐ *Bier”*

Hybridfragen

Wird eine geschlossene Frage um eine offene Frage, die nur bei Bedarf zu beantworten ist, ergänzt, so handelt es sich um eine **„Hybridfrage“**.

Beispiel *„Welche Artikel wünschen Sie sich zusätzlich in unserem Sortiment?*
☐ *Warmgetränke*
☐ *Kekse*
☐ *Schokoladenartikel*
☐ *andere: ____“*

[1] Alternative: Möglichkeit oder Notwendigkeit der Entscheidung zwischen zwei sich ausschließenden Möglichkeiten, auch eine dieser Wahlmöglichkeiten selbst.

12 Regeln der Fragebogenerstellung

§ 1 Jede Frage dient der Zielsetzung der Befragung.

Befragungen sind aufwendig und kostspielig. Es dürfen daher nur Fragen in den Fragebogen aufgenommen werden, die nachweislich dazu dienen, die Befragungsziele des Auftraggebers zu erreichen.

§ 2 Jede Frage ist leicht verständlich formuliert.

Der Entwickler des Fragebogens darf nicht davon ausgehen, dass der Befragte über denselben Kenntnishintergrund zum Thema verfügt. Außerdem ist der Befragte nicht mit der Fachsprache vertraut, die für den Entwickler des Fragebogens selbstverständlich ist.

Schlechtes Beispiel *„In welcher Größenordnung sollte der Hersteller dieses Produkt aus Ihrer Perspektive preislich positionieren?"*

Gutes Beispiel *„Wie viel darf dieses Produkt aus Ihrer Sicht höchstens kosten?"*

§ 3 Fragen dürfen nicht die Beantwortung nachfolgender Fragen erübrigen.

Häufig erübrigt sich eine Frage in Abhängigkeit von der Beantwortung der vorangegangenen Fragen.

Beispiel *Der Frage „Kaufen Sie Lebensmittel in Konserven?" folgt die Frage „Wie viel geben Sie durchschnittlich pro Woche für Konserven aus?". Wurde die erste Frage mit „Nein" beantwortet, erübrigt sich die zweite Frage.*

Merke: Bei Auftreten dieses Problems Filterfragen einsetzen.

§ 4 Jede Frage bezieht sich auf nur einen Sachverhalt.

Sowohl bei der Beantwortung als auch bei der Auswertung schleichen sich sonst Ungenauigkeiten ein.

Schlechtes Beispiel *„Wurden Sie von unseren Verkäufern freundlich und qualifiziert bedient?"*

Gutes Beispiel *„Ich erlebte die Verkäufer als ... □ höflich □ qualifiziert □ usw."*

§ 5 Jede Frage ist grundsätzlich neutral formuliert, sodass der Befragte nicht beeinflusst wird.

Schlechtes Beispiel *„Sind auch Sie der Meinung, dass Zigaretten besser nicht im Supermarkt verkauft werden sollten?" (Suggestivfrage)*

Gutes Beispiel *„Welcher der folgenden Aussagen würden Sie zustimmen?*
□ Zigaretten sollten weiterhin im Supermarkt verkauft werden.
□ Zigaretten sollten nicht im Supermarkt verkauft werden."

§ 6 Geschlossene Fragen schließen keine sinnvollen Antworten aus.

Alle Antwortmöglichkeiten müssen ausreichend differenziert sein, um alle Antwortmöglichkeiten einzuschließen. Darüber hinaus können sie zu Hybridfragen (siehe „Fragetechniken" im Anhang) erweitert werden.

Schlechtes Beispiel *„Mit welchem Verkehrsmittel gelangen Sie zur Arbeit?*
□ Auto □ Bahn □ Fahrrad □ zu Fuß"

Gutes Beispiel *„Mit welchem Verkehrsmittel gelangen Sie zur Arbeit?*
□ Auto □ Bahn □ Fahrrad □ Motorrad □ zu Fuß
□ Ich wohne bei meiner Arbeitsstätte □ andere: ..."

Merke: Sofern der Befragte aus gutem Grunde unsicher in seiner Antwort sein kann, müssen geschlossene Fragen eine Ausweichantwort wie „weiß nicht", „keine Meinung" usw. anbieten. Sonst wird der Befragte zu nicht zutreffenden Antworten gezwungen und das Ergebnis unnötig verfälscht.

§ 7 Negative und positive Antwortmöglichkeiten bei geschlossenen Fragen halten sich die Waage.

Schlechtes Beispiel — *„Wie hat Ihnen dieses Produkt gefallen?*
□ sehr gut □ gut □ zufriedenstellend □ weniger gut"

Gutes Beispiel — *„Wie hat Ihnen dieses Produkt gefallen?*
□ sehr gut □ gut □ durchschnittlich □ weniger gut"
□ überhaupt nicht"

§ 8 „Zustimmungsfragen" zu einer vorgegebenen Aussage werden vermieden.

Hintergrund ist das Problem, dass Befragte mit geringerem Selbstbewusstsein dazu neigen, einer Aussage – unabhängig vom Inhalt – zuzustimmen. Man geht davon aus, dass diese grundsätzliche „Zustimmungstendenz" eine Strategie vieler Menschen ist, Konflikte und Probleme zu vermeiden.

Schlechtes Beispiel — *„Nehmen Sie zu folgender Aussage Stellung: Alkohol sollte im Supermarkt verkauft werden.*
□ stimme zu □ stimme nicht zu"

Gutes Beispiel — *„Welcher der folgenden Aussagen würden Sie zustimmen?*
□ Alkohol sollte im Supermarkt verkauft werden.
□ Alkohol sollte nicht im Supermarkt verkauft werden."

§ 9 Fragen beziehen sich stets auf konkrete, objektive Sachverhalte

Fragen sollten sich immer auf konkrete und objektiv nachprüfbare Sachverhalte beziehen. Fragen nach Handlungsabsichten in der Zukunft haben wenig Aussagewert.
Antworten auf solche Fragen spiegeln oft nicht die Wirklichkeit wider, denn in vielen Fällen antwortet der Befragte unbewusst unwahr auf solche Fragen (sogenannte „Antwortverzerrungen"), da er sich durch Überzeugungen, Ideale oder Verklärungen selbst täuscht.

Schlechtes Beispiel — *„Würden Sie zukünftig umweltfreundliche Haushaltsmittel kaufen?"*

Gutes Beispiel — *„Welche Haushaltsprodukte setzen Sie zurzeit ein?"*

§ 10 Zu jedem komplexen Themenbereich werden mehrere Fragen gestellt.

Jeder wichtige Themenbereich sollte durch mehrere Fragen erschlossen werden („multiple Indikatoren"), die den Sachverhalt aus verschiedenen Richtungen beleuchten. Auf diese Weise wird die Wahrscheinlichkeit erhöht, dass die Antworten der Realität entsprechen.

§ 11 Dem Befragten darf nicht suggeriert werden, seine Meinung sei sozial unerwünscht.

Hintergrund ist das Problem, dass Befragte nicht ehrlich antworten, wenn sie glauben, dass ihre Antwort vom Interviewer oder Auftraggeber missbilligt wird. Gerade Personen mit geringem Selbstbewusstsein passen ihre Antworten den vermuteten Antworterwartungen des Interviewers an („soziale Erwünschtheit"). In solchen Fällen werden typischerweise indirekte Fragen eingesetzt.

Schlechtes Beispiel — *„Essen Sie bei McDonald's?" (abhängig von der Persönlichkeit des Interviewers)*

Gutes Beispiel — *„Warum, glauben Sie, ist McDonald's so erfolgreich?"*

§ 12 Demografische Fragen werden am Schluss gestellt.

Der Befragte teilt ungern Informationen zu seiner Person mit, solange er den Fragebogen nicht kennt. Werden demografische Fragen zu Beginn eines Interviews gestellt, so kann das zum Abbruch des Interviews oder zur bewusst unwahren Beantwortung von Fragen führen.

Durchführen und Auswerten der Befragung

Arbeitsaufträge:

1. *Überprüfen Sie mithilfe weniger Testbefragungen die Funktionstüchtigkeit Ihres Fragebogens und korrigieren Sie ggf. Ihren Bogen.*

2. *Überlegen Sie mithilfe des Textes „Marktforschung kompakt" (siehe S. 37 f.), wie Sie eine möglichst repräsentative Auswahl der Untersuchungsobjekte erzielen können.*

3. *Kopieren Sie Ihre Fragebögen und führen Sie die Befragung bei Ihrer Zielgruppe durch. Achten Sie bei den Interviews darauf, dass Sie die Befragten nicht durch zustimmende oder ablehnende Reaktionen (Äußerungen wie „tatsächlich?", Mimik oder Körperhaltung usw.) beeinflussen.*

4. *Werten Sie die ausgefüllten Fragebögen mithilfe des Infotextes „Auswertung einer Befragung" aus. Erstellen Sie aussagefähige Diagramme und leiten Sie begründete Schlussfolgerungen für die Vermarktung des Produkts ab.*

5. *Präsentieren Sie Ihren Mitschülerinnen und Mitschülern Ihre Ergebnisse und diskutieren Sie die Qualität und den Nutzen Ihrer Ergebnisse für die Marketingabteilung.*

Infotext: Auswertung einer Befragung

Schritt 1: Überprüfen der Vollständigkeit aller Bögen

Zunächst wird die Anzahl der Fragebögen durchgezählt und auf Vollständigkeit überprüft. Die Anzahl der Bögen muss der Größe der Stichprobe entsprechen.

Schritt 2: Gruppieren (Klassifizieren) der Antworten

In der Regel müssen aufgrund der Vielzahl der individuellen Antworten bzw. Merkmale der Befragten sogenannte Klassen (auch: Kategorien) eingerichtet werden, in denen dann gleichartige Merkmale bzw. Antworten zusammengefasst werden (Beispiel Altersklassen: 20 – 25 Jahre, 26 bis 30 Jahre usw.). Ebenso werden für ähnliche Antworten auf offene Fragen Klassen eingerichtet, denen dann die individuellen Antworten zugeordnet werden. Völlig abweichende Einzelantworten werden gewöhnlich in der Klasse „Sonstige“ zusammengefasst.

Schritt 3: Auszählen und Erfassen relevanter Zusammenhänge

Die Antworten auf die Fragen werden ausgezählt. Dabei reicht es i. d. R. nicht aus, für jede Frage ein Diagramm anzufertigen. Vielmehr müssen jene Zusammenhänge erfasst und diejenigen Antworten verknüpft werden, die mit Blick auf die Befragungsziele relevant sind. Das gilt grundsätzlich für die demografischen Daten.

Beispiel 81 % der Mädchen im Alter von 17 Jahren sind zuversichtlich, dass sie einen Ausbildungsplatz bekommen; jedoch sind es nur 66 % bei den Mädchen über 18 Jahren.

Schritt 4: Darstellung der Ergebnisse in aussagefähigen Diagrammen

Anschließend werden die Ergebnisse in anschaulichen und aussagefähigen Diagrammen dargestellt. In der Praxis geschieht das mit speziellen Statistikprogrammen oder mit einem Tabellenkalkulationsprogramm wie zum Beispiel MS-Excel. Dazu muss in einem ersten Schritt eine zweckmäßige Diagrammart ausgewählt werden. Die gebräuchlichsten Diagramme sind Kreisdiagramme, Säulen-/Balkendiagramme und Linien-/Kurvendiagramme, die gemäß folgender Regeln verwendet werden:

Kreisdiagramm	Säulen-/Balkendiagramm	Linien-/Kurvendiagramm
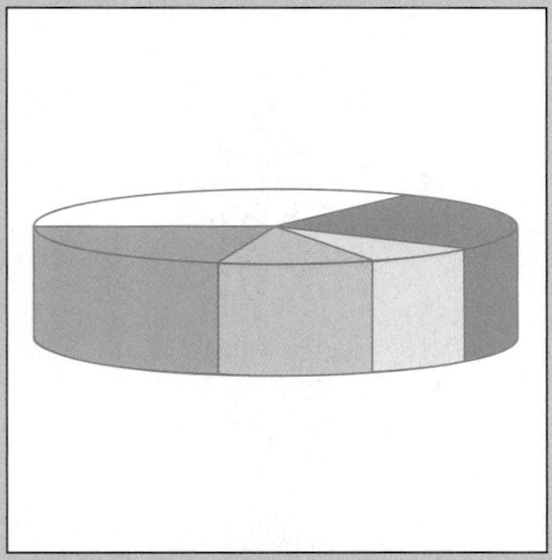	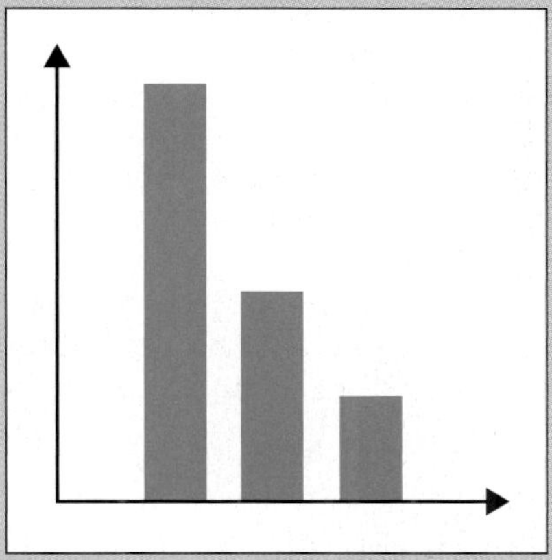	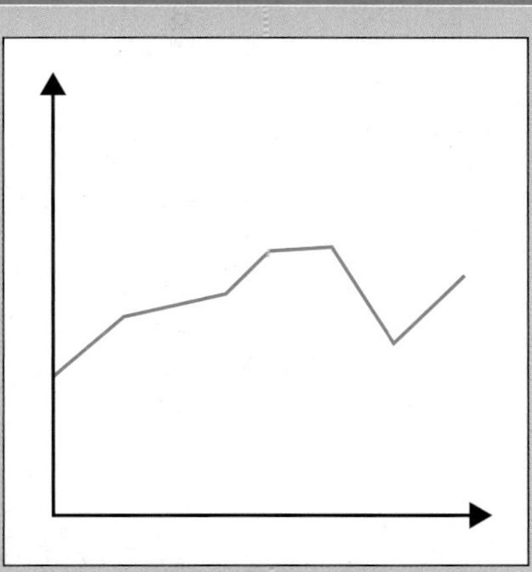
Zerlegen des Ganzen in seine Anteile	**Gegenüberstellung oder Vergleich absoluter Größen**	**Erfassung kontinuierlicher Entwicklungen**

Prüfen Sie für alle Diagramme:

- Gibt es eine aussagefähige Überschrift für jedes Diagramm?
- Sind alle Diagramme unmissverständlich beschriftet?
- Sind alle Informationen gut lesbar?

Schritt 5: Zusammenstellung und Interpretation aller Ergebnisse

Schließlich werden die fertigen Diagramme in eine Präsentation oder einen Bericht eingebettet und entsprechend kommentiert bzw. interpretiert.

Erstellen einer Stärken-Schwächen-Analyse der Wettbewerbsprodukte

Die neue Tasche kann am Markt nur erfolgreich sein, wenn sie aus Sicht der Kunden deutliche Vorteile gegenüber den bereits am Markt befindlichen Produkten der Wettbewerber hat. Aus diesem Grund sollen Stärken und Schwächen der Wettbewerbsprodukte systematisch untersucht werden.

Arbeitsauftrag:

Führen sie dazu folgende Stärken-Schwächen-Analyse der Wettbewerbsprodukte mithilfe des nachfolgenden Infotextes durch.

Produkt:		Zielgruppe:			
Wettbewerber (Hersteller)					
Produktname					
Durchschnittspreis im Laden					
Durchschnittspreis im Webshop					
Krit. 1:					
Krit. 2:					
Krit. 3:					
Krit. 4:					
Krit. 5:					
Krit. 6:					
Auffällige Stärken:					
Auffällige Schwächen:					

Bewertungsmatrix

Produkt:	+ +	+	o	–	– –
K1:					
K2:					
K3:					
K4:					
K5:					
K6:					

Stärken-Schwächen-Analyse

Infotext: Erstellung einer Stärken-Schwächen-Analyse der Wettbewerbsprodukte

Sinn

Eine Stärken-Schwächen-Analyse macht deutlich, wo der Wettbewerber – aber auch das eigene Unternehmen – Stärken und Schwächen hat. Gewöhnlich untersucht man Wettbewerbsprodukte auf Schwächen, um Anhaltspunkte für die Entwicklung besserer Produkte zu bekommen. Ebenso werden auch die eigenen Produkte von den Wettbewerbern ständig analysiert.

Erstellung einer Stärken-Schwächen-Analyse in drei Schritten

Schritt 1 – Erfassen relevanter Bewertungskriterien: Zunächst soll überlegt werden, woraufhin die Produkte bewertet werden sollen. Dazu benennt man für alle Produkte gemeinsam gültige Bewertungskriterien. Tragen Sie in der Tabelle „Bewertungsmatrix“ in der linken Spalte untereinander die aus Ihrer Sicht sechs wichtigsten Bewertungskriterien ein (s. u. Haarshampoo-Beispiel).

Schritt 2 – Einzelhandels- und Internetrecherche: Recherchieren Sie im Internet und in den Einzelhandelsgeschäften Ihrer Region, welches die aus Ihrer Sicht fünf wichtigsten Wettbewerbsprodukte auf dem Markt sind, und füllen Sie die Kopfzeile der ersten Tabelle entsprechend aus. Sehen Sie sich dort die einzelnen Produkte genau an und bewerten Sie diese nacheinander gemäß der von Ihnen vorgegebenen Kriterien mit folgenden Notensymbolen: + +, +, o, –, – –. Geben Sie getrennt nach Einzelhandel und Internet die betreffenden Preise an (s. Beispiel Haarshampoo).

Produkt: Haarshampoo			Zielgruppe: Frauen ab 30		
Wettbewerber (Hersteller)	Hersteller 1	Hersteller 2	Hersteller 3	Hersteller 4	Hersteller 5
Produktname	Name 1	Name 2	Name 3	Name 4	Name 5
Durchschnittspreis im Laden	2,20 EUR	2,50 EUR	3,00 EUR	1,80 EUR	2,40 EUR
Krit. 1: Geruch	++	+	–	+	–
Krit. 2: Konsistenz	+	++	– –	+	– –
Krit. 3: Hautfreundlichkeit	– –	++	+	+	–
Krit. 4: Flaschendesign	+	–	–	++	+
Krit. 5: Dosierbarkeit	+	–	++	+	–
Krit. 6: Handlichkeit	o	– –	++	–	++
Auffällige Stärken:		angenehme Schäumung			
Auffällige Schwächen:			geringe Haltbarkeit		

Bewertungsmatrix

Schritt 3 – Erstellung des Stärken-Schwächen-Profils: Nun werden die Bewertungskriterien aus der ersten in die zweite Tabelle übertragen und anschließend für jedes Wettbewerbsprodukt ein eigenes Stärken-Schwächen-Profil in Form einer Linie eingezeichnet. Dabei wird jedes Produkt in einer eigenen Farbe dargestellt. Am Ende müssen fünf farbige Linien (Produktprofile) eingezeichnet sein (siehe Beispiel).

Produkt:	+ +	+	o	–	– –
K1: Geruch					
K2: Konsistenz					
K3: Hautfreundlichkeit					
K4: Flaschendesign					
K5: Dosierbarkeit					
K6: Handlichkeit					

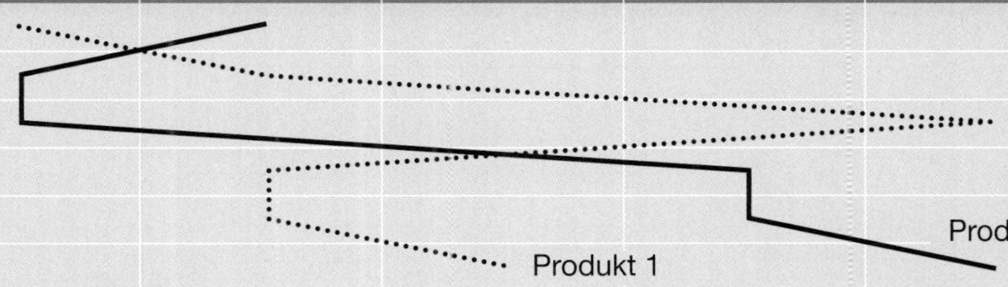

Stärken-Schwächen-Analyse

Ableiten von Schlussfolgerungen für den Marketingmix

Mithilfe der Befragungsergebnisse und der Wettbewerbsanalyse können nun Schlussfolgerungen hinsichtlich Gestaltung und Vermarktung des Produkts („Marketingmix“) abgeleitet werden.

Arbeitsauftrag:

Formulieren Sie in Stichworten die wichtigsten Schlussfolgerungen, die sich aus den Ergebnissen der Marktforschung logisch ableiten lassen:

Schlussfolgerungen aus der Befragung ...
... für die Produktgestaltung
... für die Preisgestaltung
... für die Auswahl der Handelsgeschäfte
... für die Gestaltung der Werbung

Schlussfolgerungen aus der Stärken-Schwächen-Analyse der Wettbewerbsprodukte

2 Marktforschung kompakt

Definition Marktforschung

Marktforschung ist die systematische Erhebung und Auswertung von Informationen über einen Markt ...

- ... zu einem Zeitpunkt (Marktanalyse),
- ... über einen Zeitraum (Marktbeobachtung),
- ... hinsichtlich zukünftiger Entwicklungen bzw. zukünftiger Trends (Marktprognose).

Die Marketingabteilung hat die Möglichkeit, sich mithilfe der Marktforschung über Wünsche, Einstellungen und das Kauf- sowie Medienverhalten der Konsumenten zu informieren. Daneben werden auch die Wettbewerber und ihre Produkte erforscht. In der Regel wird vor Beginn einer Produktentwicklung eine umfassende Marktforschung durchgeführt. Marktforschung muss aber darüber hinaus als begleitender Prozess aller weiteren Marketingentscheidungen verstanden werden. Jedes Unternehmen kann wahlweise eigene Marktforschungsmaßnahmen durchführen oder ein Marktforschungsinstitut beauftragen. Die bekanntesten Marktforschungsinstitute in Deutschland sind Nielsen und die Gesellschaft für Konsumforschung (GfK).

Methoden der Informationsbeschaffung

Primärforschung

Als Primärforschung bezeichnet man die selbst durchgeführte Erforschung „vor Ort“. Folgende Verfahren sind üblich:

- Die **Befragung** kann schriftlich, mündlich, telefonisch oder computergestützt erfolgen. Sie ist sowohl zu zweit wie auch in Gruppen möglich und kann frei oder standardisiert erfolgen.
- Eine Sonderform der Befragung ist das **Panel**: Hier werden bei einem bestimmten, gleich bleibenden Kreis von freiwillig teilnehmenden Adressaten periodisch Erhebungen durchgeführt. Man unterscheidet dabei das Verbraucherpanel (Befragung von Haushalten) und das Handelspanel (Befragung von Groß- und Einzelhandel). Sinn des Panels ist die systematische Erfassung des Einkaufsverhaltens im Zeitablauf.
- Die **Beobachtung** lässt sich grundsätzlich als Feldbeobachtung (in der natürlichen Umwelt der Untersuchungsperson, z. B. Laufstudie im Supermarkt, Verhaltensbeobachtung im Wartezimmer) oder als Laborbeobachtung (in einer künstlich rekonstruierten Umwelt, z. B. Blickverlaufsstudie in der Werbeforschung) organisieren.
- Vom **Experiment** spricht man, wenn Ursache-Wirkungsbeziehungen („kausale Beziehungen“) bei einer gezielten Veränderung einer oder mehrerer Variablen gemessen werden sollen. Experimente zeichnen sich durch ein hohes Maß an Steuerung und Kontrolle durch die Durchführenden aus. Dabei greift jedes Experiment auf die Beobachtung und/oder Befragung zurück.
  Beispiel *In der süddeutschen Kleinstadt Haßloch wurden sämtliche Fernsehgeräte in der Weise manipuliert, dass die Bewohner dieser Stadt abweichende, ganz eigene Werbespots sahen. Durch gezielte Veränderung von Werbespot, Sendezeit usw. konnte der Einfluss auf das Kaufverhalten gemessen werden. Selbstverständlich wurde das Experiment mit Billigung der Bewohner der Stadt durchgeführt.*

Sekundärforschung

Die Sekundärforschung greift auf bereits vorhandene Daten zurück („desk research“). Man unterscheidet dabei die interne und externe Sekundärforschung:

- Die **interne Sekundärforschung** zieht unternehmenseigene Informationsquellen heran. Im Wesentlichen sind das Vertriebsstatistiken, Außendienstberichte, frühere Primärforschungsergebnisse, die im Haus vorliegen, sowie eigene Datenbanken.
- Die **externe Sekundärforschung** arbeitet mit Informationen anderer Organisationen, etwa Veröffentlichungen des Statistischen Bundesamtes, von Ministerien, Industrie- und Handelskammern, Verbänden, Banken, Fachzeitschriften sowie Online-Datenbanken.

Auswahl der Untersuchungsobjekte

Die Ergebnisse einer Marktforschungsmaßnahme sind nur verwertbar, wenn sie repräsentativ sind, also verallgemeinert werden können. In diesem Zusammenhang stellt sich die Frage, wer genau untersucht werden soll. Die im Fernsehen typische Befragung von Bürgern auf der Straße ist als „willkürliche" Auswahl für ernsthafte Zwecke der Marktforschung unbrauchbar.

Vollerhebung

Grundsätzlich ist es möglich, alle Elemente einer Grundgesamtheit (z. B. alle Bundesbürger, alle Angestellten, alle Frauen usw.) aufzusuchen und zu befragen bzw. zu beobachten (Beispiele: Volkszählung, eine Befragung aller Mineralölgesellschaften). Da die Vollerhebung in der Regel sehr aufwendig ist, spielt sie in der Marktforschung eine untergeordnete Rolle.

Teilerhebung

Bei der Teilerhebung werden aus der Grundgesamtheit kleine, repräsentative Stichproben gezogen. Dann müssen nur noch die wenigen Elemente der Stichprobe untersucht werden. Verfahren der Teilerhebung lassen sich unterteilen in die Zufallsauswahl und die bewusste Auswahl:

Zufallsauswahl durch Stichprobe: Das Verfahren ist so angelegt, dass der Zufall darüber entscheidet, ob ein Element in eine Stichprobe aufgenommen wird. Dabei muss jedes Element eine Chance haben, in die Stichprobe gelangen zu können. Man unterscheidet drei Varianten:

- **Einfache Zufallsauswahl**: Jedes Element der Grundgesamtheit hat die gleiche Chance, in die Stichprobe zu gelangen. Beispiele sind das Urnenprinzip (Lottozahlen), Zufallszahlentabellen, Schlussziffernverfahren (z. B. von Postleitzahlen, Telefonnummern), Buchstabenauswahl (etwa des Nachnamens).
- **Geschichtete Zufallsauswahl**: Die Grundgesamtheit wird in mehrere homogene Untergruppen (Schichten) aufgeteilt, aus denen dann wieder per Zufallsauswahl ausgewählt wird. Dabei kann jedes Element nur genau einer Schicht zugeordnet werden. Dieses Verfahren bietet sich an, wenn die Grundgesamtheit heterogen (unterschiedlich) und die Teilgruppen homogen (gleichartig) sind, z. B. Einkommensgruppen, Altersgruppen, Unternehmensgrößen.
- **Klumpenauswahl**: Aus der Grundgesamtheit werden per Zufallsauswahl kleine Teilgesamtheiten (Klumpen) ausgewählt, innerhalb derer eine Vollerhebung durchgeführt wird. Diese Klumpen liegen als natürliche Einheiten vor, z. B. Betriebe, Häuserblocks, Planquadrate eines Stadtteils.

Bewusste Auswahl durch Stichprobe: Der Forscher und nicht der Zufall entscheidet darüber, ob ein Element in eine Stichprobe aufgenommen wird. Er hat die Wahl zwischen zwei Verfahren:

- **Konzentrationsauswahl**: Die Forscher wählen bewusst jene Stichproben und deren Elemente aus, die ihnen mit Blick auf das Untersuchungsziel besonders wichtig erscheinen. Beispiel: Auswahl der zehn umsatzstärksten Unternehmen aus dem DAX oder führender Hersteller von Investitionsgütern (z. B. Thyssen, Krupp).
- **Quotenauswahl**: Die Auswahl der Stichprobenelemente muss proportional zur Verteilung der Merkmale (z. B. Geschlecht) in der Grundgesamtheit vorgenommen werden, d. h., die Auswahl spiegelt die Häufigkeitsverteilung der betreffenden Merkmale in der Realität wider. Dazu werden den Interviewern sogenannte „Quoten" vorgegeben: Innerhalb der Quoten können die Interviewer die Untersuchungselemente frei wählen.
  Beispiel *Es sollen 500 Bürger im Alter von 30 Jahren gemäß ihrer Ernährungsgewohnheiten befragt werden, die Geschlechter-Quote soll der Grundgesamtheit entsprechen. Da es in Deutschland 51 % Frauen und 49 % Männer gibt, müssen 255 Frauen und 245 Männer befragt werden.*

3 Vertiefungsaufgaben

1. *Erstellen Sie in Form eines Baumdiagramms eine Übersicht (einschließlich Überschrift) über folgende Begriffe: Befragung, Sekundärforschung, interne Forschung, Primärforschung, Beobachtung, externe Forschung.*

2. *Entscheiden Sie sich in folgenden Fällen für eine konkrete Methode der Informationsbeschaffung und begründen Sie Ihre Meinung:*

Ein mittelständischer Hersteller eines Duschgels möchte herausfinden,

a) in welchem Umfang private Haushalte ganz bestimmte Körperpflegeprodukte konsumieren.
b) wie sich die Kunden im Supermarkt vor dem Regal der Duschgels tatsächlich verhalten.
c) wie er sein Duschgel am erfolgreichsten im Regal platziert.
d) wie das Produkt- und Unternehmensimage bei den Endverbrauchern aussieht.
e) in welchem Umfang Neurodermitis bei Jugendlichen zugenommen hat.
f) ob der Verschluss einer Duschgelflasche tatsächlich verbraucherfreundlich konstruiert wurde.
g) wie sich die Umsätze mit verschiedenen Kunden entwickelt haben.

3. *Auf der nächten Seite finden Sie einen Fragebogen zum Stadtmarketing.*
a) Finden Sie mithilfe des Infotextes „Fragebogenerstellung“ heraus, welche Fragetechnik bei den einzelnen Fragen zum Einsatz kommt.
b) Beurteilen Sie den Fragebogen mithilfe der 12 Regeln der Fragebogenerstellung.

4. *Erstellen Sie in Form eines Baumdiagramms eine Übersicht einschließlich Überschrift über folgende Begriffe: Vollerhebung, Zufallsauswahl, Quotenauswahl, bewusste Auswahl, einfache Zufallsauswahl, Konzentrationsauswahl, Klumpenauswahl, Teilerhebung, geschichtete Zufallsauswahl.*

5. *Ordnen Sie das zugehörige Auswahlverfahren zu:*

a) Im Rahmen einer für Banken durchgeführten Marktforschung werden 75 Dienstleistungsunternehmen, 12 Industrieunternehmen, 7 Handwerksbetriebe sowie 5 Betriebe der Land- bzw. Forstwirtschaft und Fischerei zu Kenntnissen hinsichtlich verschiedener Finanzierungsformen befragt. In diesem Verhältnis (75:12:7:5) liegen diese Betriebe in der Realität vor.
b) Das Marktforschungsunternehmen „Demand GmbH“ ermittelt 500 deutsche Firmen mit dem Anfangsbuchstaben „M“.
c) Siemens möchte sich über die Motivation und Zufriedenheit bei seinen Mitarbeitern in den internationalen Niederlassungen informieren. Dazu werden per Los 20 Niederlassungen ausgewählt, in denen alle Mitarbeiter/-innen einen Fragebogen ausfüllen sollen.
d) Der DIHT (Deutscher Industrie- und Handelstag) befragt alle deutschen Unternehmen zu Erfahrungen rund um die „Duale Berufsbildung“.
e) Die Agentur Klepper & Patzke befragt die 20 umsatzstärksten Industrieunternehmen zum Thema „Benchmarking“.
f) Im Rahmen einer Marktforschung zum Thema „Feuchtigkeitscreme“ befragt das Unternehmen „Procter & Gamble“ 500 Frauen im Alter von 30 bis 60 Jahren.
g) RTL führt zum Thema „Politikverdrossenheit der Deutschen“ am Montagmorgen eine Befragung in der Münchner Innenstadt durch.
h) Beck's führt eine Mitarbeiterbefragung zum Thema „Mitarbeiterzufriedenheit“ bei all den Mitarbeitern durch, deren Personalnummer mit einer „5“ endet.

6. *Nehmen Sie Stellung zu der These: „Marktforschung behindert Innovationen“.*

Fragebogen zu Arbeitsauftrag 3

Fragebogen zur Attraktivität der Bremer Innenstadt

Hinweise für den Interviewer: Bitte verhalten Sie sich bei der Beantwortung der Fragen völlig neutral. Begrüßen Sie den Befragten freundlich und fragen Sie ihn, ob er fünf Minuten Zeit für Sie hat.

1. Haben Sie schon einmal an einer Befragung teilgenommen?
   □ Ja □ Nein

2. *Bitte ankreuzen, ohne zu fragen:* Geschlecht: □ weiblich □ männlich

3. Wie alt sind Sie? Antwort: ______________ Jahre

4. Wo wohnen Sie? Antwort: ______________

5. Kennen Sie die Bremer Innenstadt? □ Ja □ Nein

6. Wie häufig in der Woche kommen Sie durchschnittlich in die Bremer Innenstadt?

   □ weniger als einmal □ einmal □ zweimal □ dreimal □ mehr als dreimal

7. Wie stehen Sie zu folgender Aussage: „Das Wichtigste an einer Innenstadt sind für mich die Einkaufsmöglichkeiten."

   □ stimme zu □ stimme nicht zu □ weiß nicht

8. Viele Leute finden die Innenstadt ungemütlich. Wie ist Ihre Meinung?

   □ Ich finde die Innenstadt ungemütlich □ Ich finde die Innenstadt gemütlich □ keine Meinung

9. Herr Rot und Frau Blau unterhalten sich. Herr Rot: „Jede Innenstadt braucht mindestens vier Großkaufhäuser, das verlangen die Leute. Sonst braucht man ja Ewigkeiten, um alles eingekauft zu haben." Frau Blau: „Großkaufhäuser sind nicht gut für die Atmosphäre einer Innenstadt. Die Bürger wollen eine gemütliche und schöne Innenstadt, in der sie sich wohl fühlen."

   Wem würden Sie zustimmen? □ Herrn Rot □ Frau Blau

10. Wie kommen Sie schnell und günstig in die Bremer Innenstadt?

    □ Auto □ Bus □ Bahn □ Motorrad □ Fahrrad □ zu Fuß □ andere: ____________

11. Wie beurteilen Sie die Parkplatzsituation der Bremer Innenstadt?

    ____

12. Nehmen Sie Stellung zu folgender Aussage: „Ich wäre fortan viel öfter in der Bremer Innenstadt, wenn es dort mehr schöne Gebäude und Grünflächen gäbe." (Kreuzen Sie bitte an).

    Stimme voll zu □ □ □ □ □ □ □ □ □ Stimme nicht zu

13. Bitte ergänzen Sie: „Für meinen Geschmack müsste in der Bremer Innenstadt ____________

    ____

    ____

    ____"

Vielen Dank für das Interview.

D Produkt- und Programmpolitik

1 Praxisfall „Careli GmbH“

Entwickeln eines Produktkonzepts

Auf Grundlage der Marktforschungsergebnisse und des USP erstellt die Marketingabteilung der Careli GmbH nun ein Produktkonzept, welches der bevorstehenden Produktentwicklung zugrunde liegen soll. Dieses Konzept wird anschließend der Marketingleitung zur Genehmigung vorgelegt.

Arbeitsauftrag:

Erstellen Sie ein überzeugendes Produktkonzept mit folgendem Aufbau:

1 Anforderungen an das Produkt
- 1.1 Anforderungen aus Sicht der Kunden
- 1.2 Anforderungen aus Wettbewerbsgesichtspunkten
- 1.3 Anforderungen aus dem USP der Careli-Produkte
- 1.4 Sonstige Anforderungen

2 Entwurf Produktdesign
- 2.1 Vorderansicht (außen, Querschnitt)
- 2.2 Seitenansicht (außen, Querschnitt)
- 2.3 Ansicht von oben (außen, Querschnitt)

3 Produktbeschreibung

4 Modellbezeichnung

5 Verpackung

6 Sonstiges

Anlagen
- Ergebnisse der Befragung (relevante Diagramme mit Interpretation)
- Ergebnisse der Stärken-Schwächen-Analyse des Wettbewerbs
- Ergebnisse von Brainstorming/Eigenschaftsliste zur Produktgestaltung
- Ergebnisse der 6-3-5-Methode

Bearbeitungshinweise

Zu 1 Anforderungen:
1.1 leitet sich aus den Ergebnissen der Befragung ab.
1.2 leitet sich aus den Ergebnissen der Wettbewerbsanalyse ab.
1.3 leitet sich aus der allgemeinen USP der Careli-Produkte (siehe S. 6) ab.
1.4 Anregungen aus der Marketingabteilung: Hier können Sie eigene Anforderungen formulieren.

Zu 2 Entwurf Produktdesign:
Bevor Sie anfangen, Entwürfe des neuen Produktdesigns zu zeichnen, führen Sie mithilfe des nachfolgenden Infotextes „Kreativitätstechniken“ die Methode des Brainstormings oder der Eigenschaftslisten durch. Diese Methoden helfen Ihnen, aus gewohnten Denkbahnen auszubrechen und neuartige, kreative Ideen zu entwickeln. Protokollieren Sie Ihre Ergebnisse und fügen Sie diese dem Konzept als Anlagen bei.

Zu 3 Produktbeschreibung:
Alle Merkmale und Vorzüge der Tasche werden präzise und nachvollziehbar beschrieben.

Zu 4 Modellbezeichnung: *Jedes Modell benötigt zur eindeutigen Identifizierung einen geeigneten Namen. Dieser sollte …*
- *… mit positiven Assoziationen verbunden sein,*
- *… leicht auszusprechen sein,*
- *… gut einprägsam sein,*
- *… unverwechselbar sein,*
- *… wenn möglich/sinnvoll einen Produktnutzen suggerieren.*

Entwickeln Sie vor diesem Hintergrund eine neue Modellbezeichnung mithilfe der 6-3-5-Methode, die ebenfalls im anschließenden Infotext erklärt wird. Die ausgefüllten 6-3-5-Bögen legen Sie als Anlagen dem Konzept bei.

Zu 5 Verpackung:
Hinweise zu einer Verkaufsverpackung sowie einer Transportverpackung

Zu 6 Sonstiges:
Hier können bei Bedarf noch weitere Anregungen aus der Marketingabteilung aufgenommen werden.

Infotext: Kreativitätstechniken

Kreativitätstechnik Nr. 1: Brainstorming

Das Brainstorming („Gehirnsturm") ist das bekannteste und zugleich einfachste Verfahren. Es bietet sich überall dort an, wo man sich einem komplexen Problem durch vielfältige Anregungen und neuartige Ideen annähern möchte. Alle Teilnehmer/-innen sollen dabei ihre Ideen frei sprudeln lassen und nicht darüber nachdenken, ob ihr Beitrag vernünftig ist. Dabei ist von vorrangiger Bedeutung, dass Kritik und Alltagsverstand ausgesperrt bleiben. Auf diese Weise können durch unkontrollierte Assoziationen (eine Idee löst die nächste aus) völlig neue Lösungswege gefunden werden.

Folgende organisatorische Schritte sind nötig:

1. Das Ausgangsproblem wird klar umrissen und zuvor bekannt gegeben.
2. Die Teilnehmerzahl liegt zwischen 5 und 15 (möglichst ohne „Experten").
3. Die Brainstormingsitzung dauert zwischen 15 und 30 Minuten und findet am Morgen statt.
4. Die Beiträge werden mit Mikrofon oder durch einen Protokollanten aufgenommen.
5. Zu Beginn der Sitzung wird an die Brainstorming-Regeln erinnert.

Folgende Regeln gelten für alle Teilnehmer/-innen:

1. **Der Phantasie ist freier Lauf zu lassen**: Je ausgefallener die Idee, desto besser.
2. **Kritik ist nicht zugelassen**: Bewertungen und negative Kommentare sind streng verboten.
3. **Je mehr Ideen, desto besser**: Die große Zahl an Ideen erhöht die Wahrscheinlichkeit einer Lösung.
4. **Die Verknüpfung und Abänderung von Ideen ist erwünscht**: So können Ideen rasch weiterentwickelt und gegebenenfalls in ganz andere gedankliche Richtungen gelenkt werden.

Erst mehrere Tage im Anschluss an die Brainstormingsitzung werden die Ideen besprochen und bewertet sowie nützliche Anregungen herausgefiltert.

Kreativitätstechnik Nr. 2: Eigenschaftslisten (morphologische Methode)

Ein kreatives Verfahren, welches speziell zur Neuentwicklung oder Verbesserung von Produkten entwickelt wurde, ist die sogenannte Eigenschaftsliste. Sie führt dem Produktentwickler die Vielzahl der Gestaltungskombinationen vor Augen.

Dazu wird ein Produkt in seine Merkmale zerlegt. Das kann sehr grob, aber auch sehr differenziert geschehen. Ist das Produkt bereits am Markt, wird für jedes Produktmerkmal angegeben, wie die derzeitige Lösung aussieht. Daneben werden – für jedes Merkmal isoliert – alle möglichen Variationsmöglichkeiten angegeben. Ähnlich wie bei der Brainstorming-Methode darf zu diesem Zeitpunkt noch kein Vorschlag bewertet oder gar ausgeschlossen werden. Diese Diskussion wird erst später geführt.

Anschließend kann das Team alle möglichen neuen Merkmalskombinationen durchspielen, sodass ein völlig neues Produkt entsteht.

Ein Beispiel für den Relaunch eines Marmeladenglases kann folgendermaßen aussehen:

Merkmal	gegenwärtige Lösung	Merkmal-Varianten			
Form des Korpus	zylindrisch	sechseckig flach	sechseckig hoch	kugelförmig	oval
Material des Korpus	Glas	Kunststoff	Aluminium	Holz	Stein
Oberflächenbeschaffenheit des Korpus	glatt	rau	gewellt	gezackt	matt
Farbe des Korpusmaterials	transparent	rot	schwarz	orange	gelb
Material des Deckels	Blech	Kunststoff	Aluminium	Holz	Tuch
Farbe des Deckels	weiß	schwarz	transparent	rot	gelb
Beschriftung	Banderole	kleiner Aufkleber am Korpus	Deckeleinlage	Aufkleber auf Deckel	Gravur im Stein

Kreativitätstechnik Nr. 3: Die 6-3-5-Methode

Die 6-3-5-Methode gehört zur Gruppe der „Brain-Writing-Verfahren“. Diese sollen unerwünschte Konflikte in Diskussionen vermeiden. Der Name der Methode ist Programm:

6 Teilnehmer schreiben jeweils 3 Ideen innerhalb von 5 Minuten auf.

Die 6 Teilnehmer sitzen im Kreis um einen Tisch herum. Jeder Teilnehmer erhält nun ein leeres 6-3-5-Formblatt (siehe Beispiel unten) und schreibt in die erste Zeile seine 3 Ideen zur Lösung des vorgegebenen Problems. Die Ideen sollen möglichst verschieden sein. Nach 5 Minuten werden alle Blätter im Uhrzeigersinn weitergegeben.

Nun sieht jeder, was der vorherige Teilnehmer aufgeschrieben hat, und lässt sich durch diese drei Ideen zu ebenfalls drei neuen Einfällen inspirieren, welche er in der zweiten Zeile direkt darunter einträgt. Die Einträge des vorherigen Teilnehmers sollen also als Anstoß für neue Einfälle dienen. Nach fünf Minuten wird das Blatt wieder im Uhrzeigersinn weitergegeben usw.

Wie lange dauert die 6-3-5-Methode und wie viele Ideen liegen am Ende vor?

Dauer: ________________

Anzahl der Ideen: ________________

Beispiel

6-3-5-Methode		
Problem: Entwicklung eines Produktnamens für eine Diät-Margarine		
Teilnehmer 1: Herr Müller Teilnehmer 2: Frau Schulze Teilnehmer 3: Frau Bertram	Teilnehmer 4: Herr Mielke Teilnehmer 5: Herr Heykendorf Teilnehmer 6: Frau Braun	
1.1 Streich fit	1.2 Kalorien-Stopp	1.3 Greif zu
2.1 Bleib fit	2.2 Fett-Stopp	2.3 Du darfst
3.1 Bleib wie du bist	3.2	3.3
4.1	4.2	4.3
5.1	5.2	5.3
6.1	6.2	6.3

Gestalten eines Modells

Bevor das neue Produkt tatsächlich in Serie hergestellt werden kann, wird ein plastisches Modell („Dummy“) angefertigt. In der Automobilindustrie beispielsweise wird das geplante Auto zunächst aus einem leicht formbaren Kunststoff modelliert und anschließend lackiert wie ein echtes Auto. Damit können sich verantwortliche Entscheidungsträger im Marketing ein besseres Bild von dem neuen Produkt machen.

Arbeitsauftrag:

Gestalten Sie nun ein plastisches Modell auf Grundlage des vorliegenden Produktkonzepts. Versuchen Sie dabei auch, die in den Entwürfen vorgesehene Innengestaltung umzusetzen.
Als Materialien bieten sich an:

- *Klebmaterialien: Plastikfolie, Papier, Zeichenkarton*
- *Nähmaterialien: Leder, Kunststoff, textile Stoffe*

Fotografieren Sie anschließend Ihren Dummy und kleben Sie das Foto hier ein:

Verfassen eines Gutachtens zur Markierung des Produkts

Im Hause Careli gibt es eine Auseinandersetzung über die zukünftige Markenstrategie: Der neue Geschäftsführer denkt auch mit Blick auf eine zukünftige internationale Vermarktung darüber nach, die Produkte langfristig nicht mehr unter der Herstellermarke „Careli" zu vermarkten, sondern möglicherweise die einzelnen Produkte oder ganze Produktfamilien als eigene Marken zu führen. Das könne die Vermarktung der einzelnen Produktgruppen erleichtern. Außerdem habe in den letzten Wochen eine große Warenhauskette Interesse an einer Vermarktung der Careli-Produkte unter einer eigenen Handelsmarke geäußert.

Da zu dieser Frage im Hause Careli erwartungsgemäß sehr unterschiedliche Auffassungen bestehen, soll darüber auf höchster Ebene (Geschäftsführung und Marketingleitung) in einer Besprechung diskutiert werden. Der Leiter der Marketingabteilung, Dr. Liedtke, möchte aber vermeiden, dass die Besprechung ohne Grundlage geführt wird, und verlangt ein ausführliches Gutachten, in dem alle grundlegenden Vor- und Nachteile für die möglichen Markenstrategien aufgeführt werden und ein begründetes Fazit abgeleitet wird.

Arbeitsauftrag:

Verfassen Sie im Folgenden ein solches Gutachten für Careli. Überlegen Sie dazu mithilfe des nachfolgenden Infotextes die jeweiligen Pro- und Kontra-Argumente für bzw. gegen folgende Markenstrategien:

- *Produktmarke als Herstellermarke*
- *Familienmarke als Herstellermarke*
- *Dachmarke als Herstellermarke*
- *Handelsmarke (soll nicht nach Produkt-, Familien- oder Dachmarke unterschieden werden)*

Ziehen Sie anschließend ein begründetes Fazit. Achten Sie darauf, dass Ihr Text als Argumentationshilfe in einer Besprechung klar strukturiert und schlüssig in der Argumentation sein muss.

Infotext: Markierung

Wesen und Vorteile einer Marke

Eine Marke soll einem Produkt oder einer Dienstleistung stets eine eigene, unverwechselbare Produktpersönlichkeit verleihen, welche sie fest in den Köpfen der Konsumenten verankert und Vertrauen in gleichbleibende Qualität schafft. So hat beispielsweise kaum ein Nordeuropäer Bedenken, in einem kleinen Dorf im marokkanischen Hinterland eine braune Flüssigkeit ungeprüft zu trinken, die aus einer Flasche kommt, auf der „Coca-Cola“ steht. Erfolgreiche Marken verkaufen sich selbst und erlauben es dem Unternehmen außerdem, sich einem gefährlichen Preiswettbewerb zu entziehen, denn der Kunde verlangt diese Marke. Ein positives Markenimage kann auch auf neue Produkte übertragen werden. Ein amerikanischer Unternehmer stellte dazu fest, dass ein Großbrand einem Hersteller kaum schaden könne, solange die Marke in den Köpfen der Kunden sei. Daher ist eine etablierte Marke für ein Unternehmen von sehr hohem Wert.

Eine Marke wird in Deutschland im Markengesetz folgendermaßen definiert:

> „Als Marke können alle Zeichen, insbesondere Wörter einschließlich Personennamen, Abbildungen, Buchstaben, Zahlen, Hörzeichen, dreidimensionale Gestaltungen einschließlich der Form einer Ware oder ihrer Verpackung sowie sonstige Aufmachungen einschließlich Farben und Farbzusammenstellungen geschützt werden, die geeignet sind, Waren oder Dienstleistungen eines Unternehmens von denjenigen anderer Unternehmen zu unterscheiden." (**§ 4 Abs. 1 MarkenG**)

In der Marketingpraxis versteht man unter einer Marke hingegen das bereits in den Köpfen der Kunden verankerte eindeutige und unverwechselbare Vorstellungsbild von einem Produkt, welches über einen langen Zeitraum in gleichartigem Auftritt bei mindestens gleichbleibender Qualität angeboten wird.

Verwendete Zeichen

Von vorrangiger Bedeutung zur Visualisierung (optisch ansprechende Darstellung) einer Marke sind Wort-, Buchstaben-, Bild- und Zahlenzeichen oder eine Kombination daraus. Typische Beispiele:

Wortzeichen	Buchstabenzeichen	Bildzeichen	Zahlenzeichen
Enjoy Coca-Cola Trade-mark ®	3M	BMW	4711

Markenarten

Marken lassen sich einerseits danach unterscheiden, worauf sie sich beziehen (Produkt, Produktfamilie oder alle Produkte des Unternehmens), und andererseits danach, wer sie vergibt (Hersteller- oder Handelsmarken). So sind folgende Kombinationen möglich:

	als Herstellermarke	als Handelsmarke
Produktmarke	Der Hersteller vergibt die Marke für ein individuelles Produkt und bleibt selbst im Hintergrund. Beispiel: Mon Cheri	Der Händler vergibt die Marke für ein individuelles Produkt und bleibt selbst im Hintergrund. Beispiel: Tandil von Aldi
Familienmarke	Der Hersteller vergibt die Marke an eine ganze Produktfamilie (Produkt-Range) und bleibt selbst im Hintergrund Beispiel: Nivea von Beiersdorf	Der Händler vergibt die Marke an eine ganze Produktfamilie (Produkt-Range) und bleibt selbst im Hintergrund. Beispiel: Sun Ozon von Rossmann
Dachmarke	Der Hersteller vermarktet jedes Produkt unter seiner eigenen Dachmarke. Beispiel: BMW	Der Händler vermarktet jedes Produkt unter seiner eigenen Dachmarke und bleibt selbst im Hintergrund. Bsp: Tip von extra-Markt

2 Produkt- und Programmpolitik kompakt

Produkt- und Programmpolitik

Unter einem „Produkt“ versteht man im Marketing nicht nur materielle Produkte im engeren Sinne, sondern auch Dienstleistungen (z. B. Versicherungen, Geldanlagen), Personen (z. B. Robbie Williams) oder ganze Regionen (z. B. Skigebiet Ischgl).

Die Gesamtheit der Produkte eines Herstellers wird als „Produktprogramm“ bezeichnet, der entsprechende Begriff für Handelsbetriebe ist „Sortiment“. Produkt- und Programmpolitik umfasst alle Entscheidungen rund um die Gestaltung des Produkts sowie des gesamten Produktprogramms. Diese Entscheidungen werden im Folgenden vorgestellt.

Kundennutzen und Produktpositionierung

Viele Unternehmen sind in der Vergangenheit daran gescheitert, dass sie über die Perfektionierung ihrer Produkte den Kunden aus dem Blick verloren haben. Die Kunden interessiert weniger das Produkt als solches als vielmehr der persönliche Nutzen, den das Produkt liefern soll. Entsprechend muss das Marketing jede produktpolitische Entscheidung konsequent am Kundennutzen ausrichten. Dabei unterscheidet man den objektiv messbaren Grundnutzen (z. B. Auto bringt den Kunden von A nach B) und den – ggf. subjektiv empfundenen – Zusatznutzen (z. B. Auto fördert Selbstwertgefühl des Kunden). Der Kundennutzen muss mit der Positionierungsstrategie abgestimmt werden.

Der Produktlebenszyklus[1]

Man geht davon aus, dass Produkte grundsätzlich wie Lebewesen einem „Lebenszyklus“ unterworfen sind. Danach durchläuft jedes Produkt folgende Phasen:

1. **Einführungsphase**: Das Produkt wird neu am Markt eingeführt und erwirtschaftet wenig Umsatz.
2. **Wachstumsphase**: Das Produkt verbreitet sich, der Umsatz nimmt mit steigenden Wachstumsraten zu.
3. **Reifephase**: Der Umsatz des Produkts steigt immer noch, aber mit abnehmenden Zuwachsraten.
4. **Sättigungsphase**: Der Markt ist gesättigt, der Produktumsatz wächst kaum noch bzw. stagniert.
5. **Degenerationsphase**: Die Produktumsätze nehmen ab.

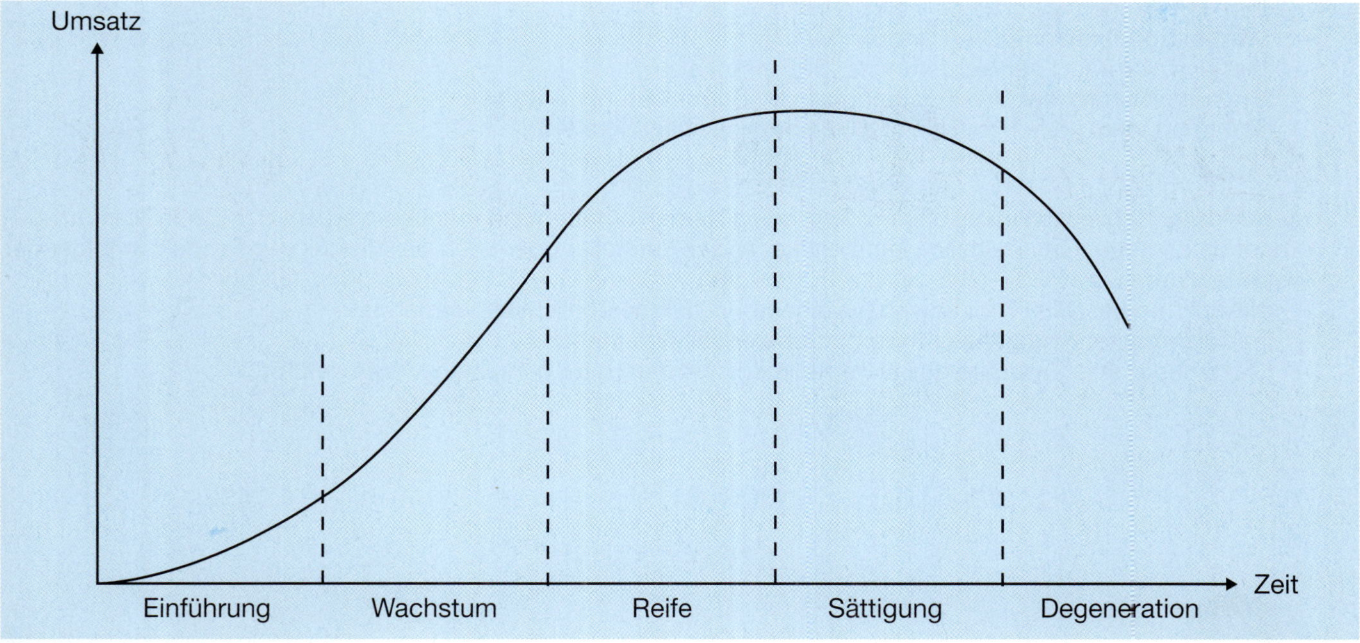

Produktlebenszyklus

Der Produktlebenszyklus kann auf einzelne Produkte, aber auch auf Produktgruppen (Produktlinien) und selbst auf ganze Produktbranchen bezogen werden.

[1] Der Produktlebenszyklus wird im Abschnitt „H Marketingcontrolling“ vertieft.

Produktpolitische Grundsatzentscheidungen

Aus dem Produktlebenszyklus lassen sich vier Grundsatzentscheidungen rund um das Produkt ableiten:

- **Produktinnovation**: Das Unternehmen entwickelt ein neues Produkt. Das neue Produkt kann dabei eine echte Innovation und damit völlig neuartig sein. Häufig werden aber Produkte anderer Hersteller nur nachgeahmt („Me-too-Innovation"). Produktinnovationen sind in einigen Branchen besonders wichtig, um am Markt zu überleben. So werden etwa bei Siemens über zwei Drittel des Umsatzes mit Produkten erzielt, die jünger sind als fünf Jahre (Beispiel: Panasonic entwickelt einen Camcorder mit internem Mikrofon, welches sich automatisch ausrichtet). Das fertig entwickelte Produkt kommt in die Einführungsphase.
- **Produktdifferenzierung**: Ein bestehendes Produkt wird um eine oder mehrere neue Produktvarianten ergänzt, d. h., das Produktprogramm wird erweitert. Dadurch können neue Zielgruppen erreicht werden, ohne bisherige Kunden aufzugeben zu müssen (Beispiel: Milka bringt einen weiteren Schokoriegel auf den Markt). Diese Entscheidung wird gewöhnlich in der Sättigungs- oder Reifephase getroffen.
- **Produktvariation (Relaunch)**: Ein Produkt, welches von einem Unternehmen bereits am Markt angeboten wird, wird hinsichtlich seiner Eigenschaften abgeändert, überarbeitet oder einfach nur neu gestaltet. Die Anzahl der Produkte im Produktprogramm bleibt also unverändert. Ein Relaunch ist üblich bei erfolgreichen Produkten, die weiterhin am Markt bleiben und nur durch geringfügige Änderungen als fortschrittlich wahrgenommen werden sollen (Beispiel: VW unterzieht den Golf IV einem Relaunch und bringt den Golf V auf den Markt). Diese Entscheidung wird gewöhnlich in der Sättigungs- oder Reifephase getroffen.
- **Produkteliminierung**: Ein Produkt wird vom Markt genommen. Das geschieht in der Regel dann, wenn keine befriedigenden Umsätze mehr erwartet werden (Beispiel: Smart entfernt den Roadster aus dem Produktprogramm). Das Produkt wird im Normalfall in der Degenerationsphase eliminiert.

Detailentscheidungen zum Produkt

- **Produktgestaltung**: Für jedes Produkt müssen grundsätzlich folgende Fragen beantwortet werden:
  - Funktion: Was genau soll das Produkt leisten?
  - Qualität: Wie belastbar bzw. haltbar ist das Produkt?
  - Design (Gestaltung): Wie soll das Produkt aussehen?
  - Umweltverträglichkeit: Wie umweltschonend soll das Produkt sein/hergestellt werden?

- **Verpackungsgestaltung**: Daneben muss die Produktverpackung durchdacht werden. Diese kann eine oder mehrere Funktionen gleichzeitig wahrnehmen:
  - Werbeträgerfunktion (z. B. Parfum)
  - Ge- und Verbrauchserleichterung (z. B. Getränke)
  - Standardisierung der Verkaufsmenge (z. B. Gummibären)
  - Transportschutz des Produkts (z. B. bei technischen Geräten)

- **Markierung**: Schließlich muss das Produkt einen Namen erhalten und markiert werden, d. h., eine Marke zugeordnet bekommen. Grundsätzlich kann entweder der Hersteller oder auch der Handel das Produkt in folgender Weise markieren:
  - Produktmarke: Das Produkt wird als eigene Produktpersönlichkeit vermarktet.
  - Familienmarke: Eine ganze Produktgruppe erhält eine Marke.
  - Dachmarke: Alle Produkte des Unternehmens werden unter derselben Marke geführt.

Gestaltung des Produktprogramms (Sortiments)

Der Hersteller (Händler) muss Art und Umfang seines Produktprogramms (Sortiments) festlegen:

- **Kern- und Randprogramm**: Das Unternehmen fragt sich, welche Produkte das eigentliche Kerngeschäft des Unternehmens ausmachen und damit im Mittelpunkt stehen sollen und welche zusätzlich angeboten werden müssen, um das Programm im Interesse der Kunden abzurunden. Wir definieren:
  - **Kernprogramm**: Produkte, die das Hauptgeschäft des Unternehmens ausmachen.
  - **Randprogramm**: Produkte, die als Ergänzung angeboten werden müssen.

- **Programmbreite und -tiefe**: Jedes Unternehmen muss entscheiden, wie viel grundlegend verschiedenartige Produkte bzw. Produktgruppen nebeneinander und wie viele Modellvarianten innerhalb einer Produktgruppe jeweils angeboten werden sollen. Wir definieren:
  - **Programmbreite**: Anzahl verschiedenartiger Produktgruppen (Produktlinien)
  - **Programmtiefe**: Anzahl der Modellvarianten (Sorten) innerhalb der einzelnen Produktgruppen

- **Programmerweiterung und -bereinigung**: Das Unternehmen kann sein Programm hinsichtlich Breite/Tiefe vergrößern oder verkleinern. Wir definieren:
  - **Programmerweiterung**: Das Unternehmen nimmt zusätzliche Produkte in das Programm auf. Sofern neue Produkte für neuartige Kundengruppen (neue Märkte) aufgenommen werden, spricht man von „Diversifikation“:
    - **Horizontale Diversifikation**: Erweiterung des Produktprogramms um Produkte derselben Produktions- oder Handelsstufe (z. B. ein Fahrradhändler verkauft nun auch Zelte oder Regenjacken).
    - **Vertikale Diversifikation**: Aufnahme von Produkten, die der bisherigen Produktionsstufe vor- oder nachgeschaltet sind (z. B. ein Schuhhersteller verkauft fortan auch Rohleder an Textilhersteller).
    - **Laterale Diversifikation**: Vorstoß in neue Produktbereiche, die mit den bisherigen Produkten in keinem Zusammenhang stehen (z. B. ein Motorradhersteller bietet fortan auch Pianos an).

  - **Programmbereinigung**: Das Unternehmen eliminiert Produkte aus dem Programm.

Kundendienst/Service

Schon bei der Entwicklung eines Produkts muss sich das Management fragen, auf welche Weise und in welchem Umfang es den Kunden nach dem Verkauf bei Problemen betreuen will. Dabei sind kaufmännischer und technischer Kundendienst zu unterscheiden:

- **Kaufmännischer Kundendienst**: Beratungs- und Zustelldienste, Kostenvoranschläge usw.
- **Technischer Kundendienst**: Änderungsdienst, Ersatzteilversorgung, Wartung, Reparatur usw.

Garantieleistungen

Garantieleistungen sind eine unternehmerische Marketingentscheidung und nicht mit der gesetzlichen Gewährleistung zu verwechseln:

- **Gewährleistung** ist die im Bürgerlichen Gesetzbuch (BGB) verankerte Pflicht des Verkäufers, innerhalb einer gesetzlich festgelegten Frist für Mängel am Produkt einzustehen. Der Kunde hat dann die gesetzlichen Rechte gemäß BGB (z. B. Mangelbeseitigung, Umtausch, Preisminderung, Rückgängigmachung des Kaufvertrags). Diese Frist beträgt im Regelfall zwei Jahre.

- **Garantieleistungen** des Verkäufers sind über die Gewährleistung hinausgehende, freiwillige Zusatzleistungen (Mangelbeseitigung, Umtausch usw.), zum Beispiel, wenn Mängel erst nach Ablauf der gesetzlichen Gewährleistungsfrist auftreten. Garantieleistungen können als Marketinginstrument genutzt werden, um sich zusätzliche Wettbewerbsvorteile zu verschaffen.

3 Vertiefungsaufgaben

1. *Benennen Sie folgende produktpolitische Grundsatzentscheidungen und ordnen Sie diese einer Phase des Produktlebenszyklus zu:*

	Produktpolitische Maßnahme	Phase im Produktlebenszyklus
a) Ein Motorradhersteller stellt die Produktion eines schlecht verkäuflichen Modells ein.		
b) Ein Hersteller von Haushaltsartikeln bietet eine bewährte Kaffeemaschine fortan mit neuartigem Design an.		
c) Ein PKW-Hersteller bietet sein Coupé zukünftig zusätzlich mit Ledersitzen an.		
d) Ein Getriebehersteller macht ein neuartiges Automatikgetriebe bekannt.		

2. *Nennen Sie für jede der folgenden sechs Kombinationsmöglichkeiten ein Beispiel:*

	Herstellermarke	Handelsmarke
Produktmarke		
Familienmarke		
Dachmarke		

3. *Vergleichen Sie die Sortimente folgender Handelsgesellschäfte hinsichtlich Breite und Tiefe und kreuzen Sie entsprechend an:*

Einzelhändler	Sortimentsbreite		Sortimentstiefe	
	breit	schmal	flach	tief
Kaufhaus				
Tankstellen-Store				
Uhrenfachgeschäft				

4. *Finden Sie für jede der vier Funktionen von Produktverpackungen ein Beispiel.*

5. *Diskutieren Sie folgende These: „Da sich das Marketing bei der Produktentwicklung an der Befriedigung von Kundenbedürfnissen orientiert, leistet es einen wichtigen Beitrag zur Zufriedenheit unserer Gesellschaft.“*

E Preis- und Konditionenpolitik

1 Praxisfall „Careli GmbH“

Berechnen von Preisempfindlichkeit und Preiselastizität

Im Rahmen einer Befragung von 2.000 Jugendlichen (1.000 Mädchen, 1.000 Jungen) wurde die Frage gestellt: „Wie viel wären Sie bereit, für eine hochwertige und attraktiv gestaltete Schultasche zu bezahlen?“ Folgende Ergebnisse liegen vor:

Preis in EUR	120,00	110,00	100,00	90,00	80,00	70,00	60,00	50,00	40,00	30,00	20,00	10,00
Nachfrage Mädchen	0	50	100	150	200	250	300	350	400	450	500	550
Nachfrage Jungen	0	0	0	0	100	200	300	400	500	600	700	800

Arbeitsaufträge:

1. *Zeichnen Sie die zugehörigen Nachfragekurven.*

2. *Wie groß wäre die jeweilige Nachfrage bei einem Taschenpreis von ...*

	Mädchen	Jungen
...105,00 EUR		
... 85,00 EUR		
... 60,00 EUR		
... 25,00 EUR		

3. *Vergleichen und interpretieren Sie das Nachfrageverhalten von Jungen und Mädchen. Wie unterscheidet sich die Preisempfindlichkeit beider Nachfragekurven?*

4. *Um herauszufinden, wie der Absatz und der Umsatz auf die Änderung von Taschenpreisen reagieren, soll einmal von einem Marktpreis von 30,00 EUR und einmal von einem Marktpreis von 70,00 EUR ausgegangen und eine Preisänderung von jeweils 10,00 EUR untersucht werden. Aus Gründen der Vereinfachung werden in dieser Aufgabe einheitliche Marktpreise unterstellt:*

   a) *Zielgruppe Mädchen:*

Preisänderung von ... (EUR)	Preisänderung in %	Absatzänderung in Stück	Absatzänderung in %	Elastizität	Umsatzänderung (EUR)
30,00 auf 40,00					
30,00 auf 20,00					
70,00 auf 80,00					
70,00 auf 60,00					

   b) *Zielgruppe Jungen:*

Preisänderung von ... (EUR)	Preisänderung in %	Absatzänderung in Stück	Absatzänderung in %	Elastizität	Umsatzänderung (EUR)
30,00 auf 40,00					
30,00 auf 20,00					
70,00 auf 80,00					
70,00 auf 60,00					

   c) *Interpretieren Sie die Ergebnisse.*

Infotext: Die Nachfragekurve und ihre Bedeutung für die Anbieter

Die Nachfragekurve (Preisabsatzfunktion)

Der Zusammenhang zwischen dem Preis eines Produkts und der Nachfrage nach diesem Produkt wird mithilfe der „Nachfragekurve“ (Preisabsatzfunktion) ausgedrückt. Dabei wird der Preis an der vertikalen Achse als unabhängige Variable abgetragen, an der horizontalen Achse kann dann die nachgefragte Menge zum jeweiligen Marktpreis abgelesen werden. Die Nachfragekurve wird im Normalfall durch die Funktion $p = a - bx$ ausgedrückt und hat folgenden Verlauf:

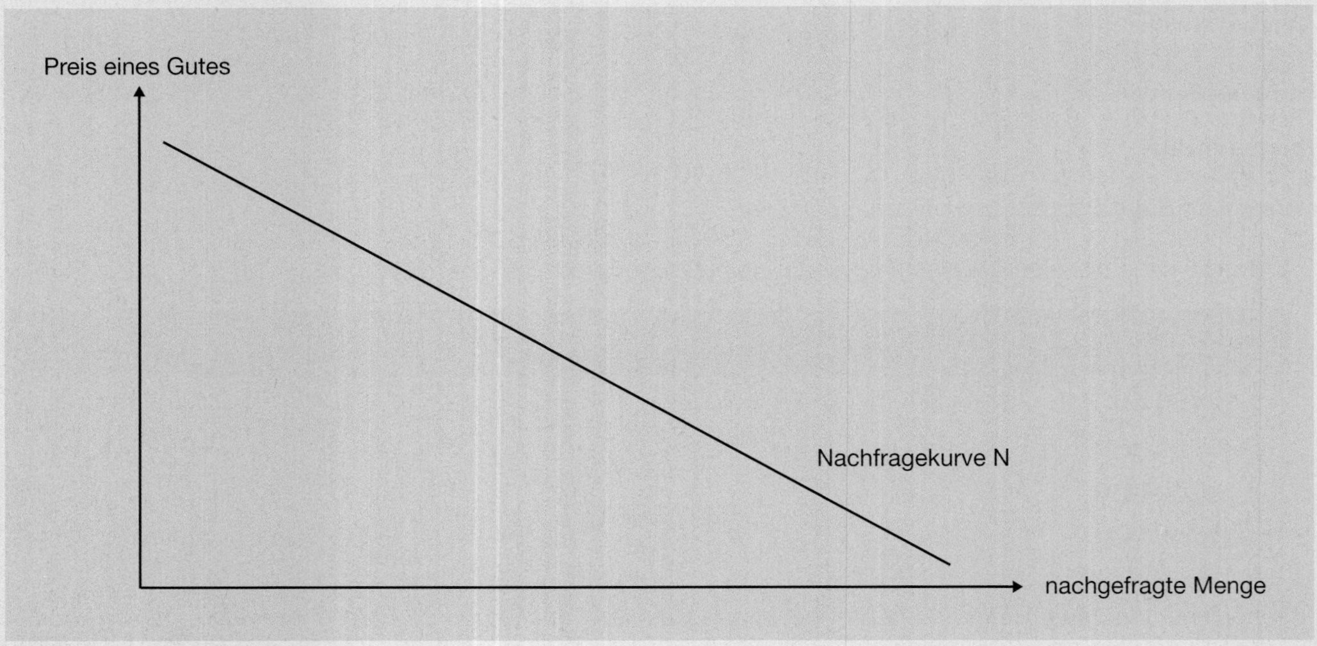

Nachfragekurve (Preisabsatzfunktion)

Im Normalfall geht man davon aus, dass die Nachfrage nach einem Produkt mit abnehmendem Preis dieses Produkts zunimmt:

Nachfragegesetz: „Je geringer der Preis, desto höher die Nachfrage.“

Die Nachfragekurve schneidet im Extremfall die Preisachse im Punkt „a“, also bei dem Preis, den niemand mehr zu zahlen bereit ist („Prohibitivpreis“), und die Mengenachse im Sättigungspunkt. Die Steigung der Kurve (b) gibt an, wie empfindlich die nachgefragte Menge auf eine Marktpreisänderung reagiert.

Preisempfindlichkeit der Nachfrage

Da die Nachfrage bekanntlich abhängig vom Preis eines Gutes ist, möchte das Marketingmanagement wissen, wie empfindlich die Kunden auf eine Preisveränderung reagieren, denn eine Preiserhöhung kann zu einem unerwünschten Verlust von Marktanteilen führen. Die Preisempfindlichkeit der Nachfrage wird ausgedrückt durch die Steigung (b) der Nachfragekurve und gibt an, welche absolute Änderung der Absatzmenge durch eine absolute Preisänderung ausgelöst wird:

Ist die Nachfragekurve **flach**, so führt eine bestimmte Preisveränderung zu einer überproportional großen Änderung der Absatzmenge am Markt, die Nachfrage reagiert also „empfindlich“ auf eine Preisänderung.

Das gilt typischerweise bei Luxusgütern für Normalverbraucher, wie zum Beispiel Zweitwagen oder Urlaubsreisen.

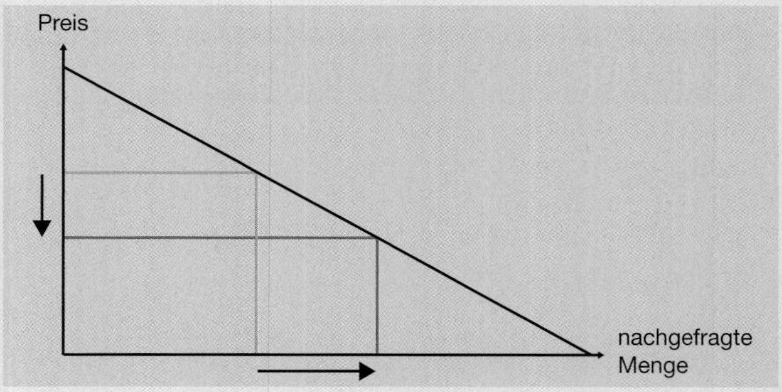

Ist die Nachfragekurve **steil**, so führt dieselbe Preisveränderung nur zu einer geringfügigen Änderung der Absatzmenge am Markt, die Nachfrage reagiert also „unempfindlich“ auf eine Preisänderung.

Das gilt typischerweise bei Gütern des täglichen Gebrauchs wie zum Beispiel Benzin oder Salz.

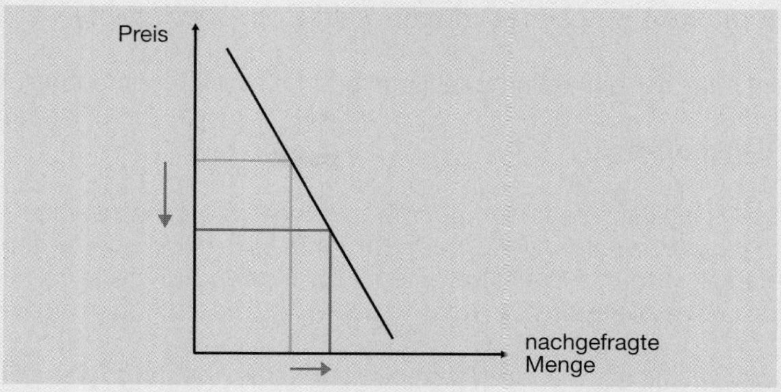

Die Preisempfindlichkeit der Nachfrage gibt also an, wie empfindlich die Kunden auf eine Preisänderung reagieren. Dieser Zusammenhang spielt in der Praxis eine bedeutende Rolle.

Preiselastizität der Nachfrage

Die soeben beschriebene Preisempfindlichkeit sagt nichts darüber aus, welche Auswirkung eine Preisänderung auf den Umsatz hat. Das leistet die Preiselastizität der Nachfrage: Diese ist definiert als das Verhältnis der **prozentualen Änderung** der Nachfragemenge eines Gutes zur **prozentualen Preisänderung** dieses Gutes:

$$\text{Elastizität } e = \frac{\text{prozentuale Mengenänderung}}{\text{prozentuale Preisänderung}} \times (-1)$$

Die Elastizität wird stets als positiver Wert ausgedrückt und gibt Auskunft darüber, ob sich eine Preisänderung für den Unternehmer lohnt:

	Bei e > 1	Bei e = 1	Bei e < 1
Preiserhöhung	Umsatz sinkt	Umsatz konstant	Umsatz steigt
Peissenkung	Umsatz steigt	Umsatz konstant	Umsatz sinkt

Beispiel *Führt eine Preissenkung von Kameras von 100,00 EUR auf 95,00 EUR (also –5 %) zu einer Nachfragemengenänderung von 1.000 Stck. auf 1.100 Stck. (also +10 %), so beträgt die Elastizität 2 (siehe Formel). In diesem Bereich der Nachfragekurve würde sich eine Preissenkung also lohnen (Umsatzsteigerung von 200.000,00 EUR auf 209.000,00 EUR).*

Merke: Auf jeder linearen Nachfragekurve gibt es stets drei Elastizitätsbereiche – unabhängig davon, welche Steigung die Kurve aufweist:

- einen elastischen Bereich (e > 1)
- einen neutralen Bereich (e = 1)
- einen unelastischen Bereich (e < 1).

Dabei ist der obere Bereich der Kurve immer elastisch, der untere Bereich hingegen ist stets unelastisch. Dazwischen ist die Kurve neutral.

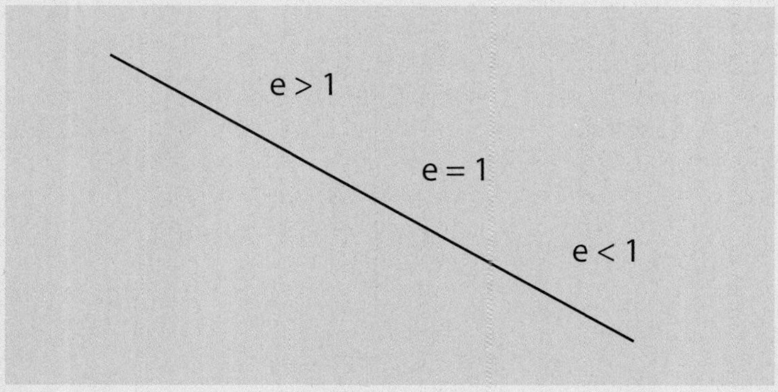

Hinweis: Der Begriff „Elastizität“ wird in der Wirtschaftspraxis uneinheitlich verwendet, oft ist nur die absolute Absatzreaktion (Preisempfindlichkeit) gemeint. Das führt spätestens dann zu Widersprüchen, wenn Preisänderungen im unteren Bereich von flachen Kurven zu einer geringen Elastizität führen bzw. im oberen Bereich von steilen Kurven eine hohe Elastizität bewirken.

Entwickeln einer marktorientierten Preisstrategie

Der Leiter der Marketingabteilung verlangt eine Präsentation zur Entwicklung einer marktorientierten Preisstrategie.

Arbeitsauftrag:

Erstellen Sie für die Leitung der Marketingabteilung eine kurze Überzeugungspräsentation, in der Sie einen konkreten Endverbraucherpreis herleiten und begründen. Arbeiten Sie dazu mithilfe des nachfolgenden Infotextes („Marktorientierte Preisstrategien") Antworten auf die unten aufgeführten Leitfragen heraus und begründen Sie jeweils Ihre Meinung. Die Kosten der Produktion sollen an dieser Stelle noch unberücksichtigt bleiben.

Je anschaulicher Sie Ihre Aussagen darstellen, desto größer ist Ihre Überzeugungskraft! Beachten Sie deshalb auch die Hinweise zur Gestaltung einer Präsentation im Anhang.

Die Nachfrage

- Stellen Sie die Nachfragekurve Ihrer Zielgruppe grafisch dar. Ziehen Sie für Ihre Kurve die Ergebnisse Ihrer eigenen Befragung heran.
- Erläutern Sie die Kurve.

Der Wettbewerb

- Welche Wettbewerbsprodukte würden Sie als wichtigste Konkurrenzprodukte einstufen?
- Wie sind diese Wettbewerbsprodukte preislich positioniert?
- Welche Preiseinführungsstrategien sind aus Ihrer Sicht zu wählen?

Die Preisstrategie

- Auf welchem Niveau sollte der langfristige Preis Ihrer Tasche positioniert sein?
- Sollte Careli aus Ihrer Sicht Preiseinführungsstrategien einsetzen?
- Wie könnten Preisdifferenzierungsstrategien aussehen und welche Risiken sehen Sie dabei?
- Welche psychologischen Preisstrategien schlagen Sie vor?
- Wie sähe also aus Ihrer Sicht der konkrete Endverbraucherpreis aus?
- Wie kann der Einzelhandel motiviert werden, genau diesen Preis zu verlangen und nicht davon abzuweichen?

Infotext: Marktorientierte Preisstrategien

Die marktorientierten Preisstrategien sollen den Umsatz maximieren und berücksichtigen

- das Nachfrageverhalten der Kunden,
- die Preise der Wettbewerber.

Preispositionierungsstrategien

Grundsätzlich muss jedes Unternehmen den Preis seiner Produkte gegenüber dem Wettbewerb langfristig „positionieren“, d. h. das Niveau der Preise bestimmen. Das muss auf Grundlage der Positionierung gegenüber dem Wettbewerb geschehen. Man unterscheidet:

- **Marktpreisstrategie**: Das Unternehmen bietet sein Produkt zu einem langfristig durchschnittlichen und damit „unauffälligen“ Preis an. Dieser Preis wird gewöhnlich von der Mehrzahl der Anbieter verlangt.

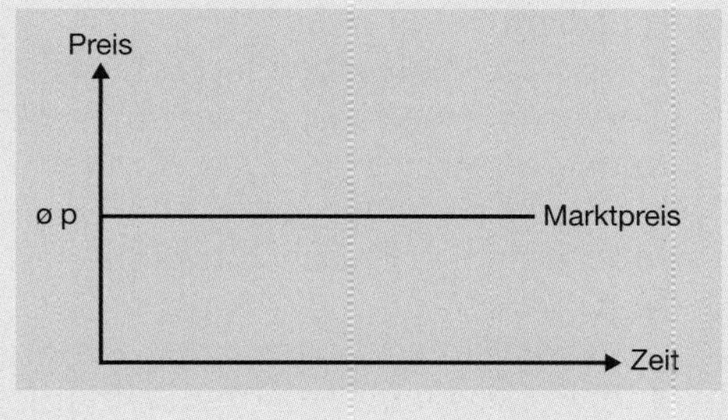

- **Hochpreisstrategie (Premiumpreisstrategie)**: Das Unternehmen versucht, mithilfe einer beliebten Marke, einer hohen Produktqualität oder eines erfolgreichen Images einen dauerhaft überdurchschnittlich hohen Preis am Markt zu erzielen. Das Unternehmen geht davon aus, dass seine Kunden diesen Preis akzeptieren.

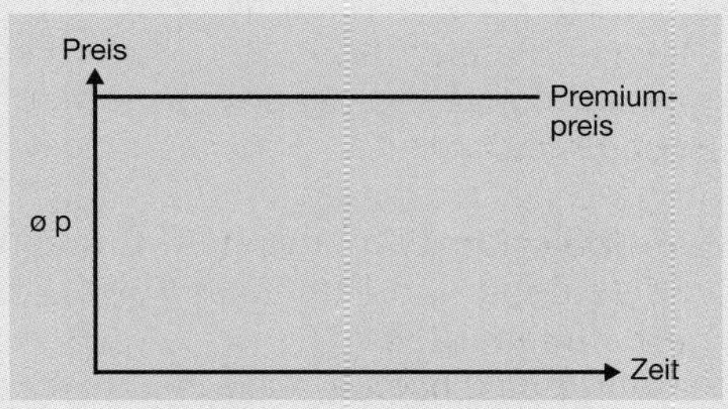

- **Niedrigpreisstrategie (Promotionspreisstrategie)**: Dieser Preis liegt dauerhaft unterhalb des Durchschnittspreises und wird von den Kunden als besonders preiswert wahrgenommen. Entsprechende Kundenschichten fragen das Produkt in großer Zahl nach.

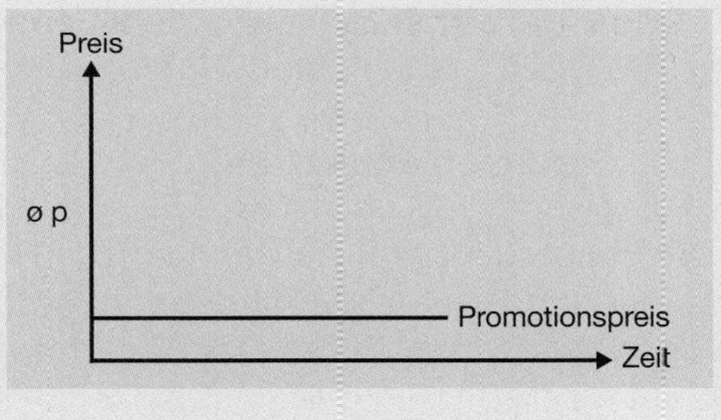

Preiseinführungsstrategien

Neben der Preispositionierung muss nun noch entschieden werden, zu welchem Preis das Produkt zunächst auf den Markt gebracht werden soll. Man unterscheidet zwei Strategien:

- **Abschöpfungspreisstrategie (Skimmingstrategie)**: Bei dieser Strategie wird der Preis in der Einführungs- und ggf. Wachstumsphase im Produktlebenszyklus anfänglich sehr hoch angesetzt und nach und nach gesenkt. Die Abschöpfungspreisstrategie wird oft eingesetzt, wenn das Unternehmen einen Vorsprung vor den Wettbewerbern hat und damit eine vorübergehende Monopolstellung am Markt genießt. In dem Maße, in dem die Wettbewerber das Unternehmen einholen, wird der Preis zurückgeführt.

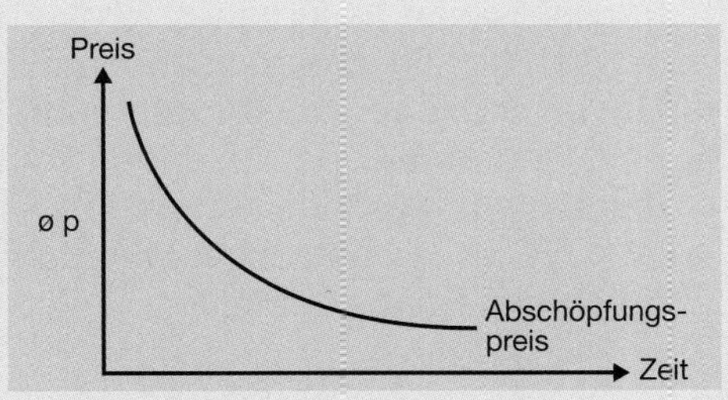

- **Penetrationspreisstrategie**: Gegenteil der Abschöpfungsstrategie: Üblicherweise wird diese Strategie eingesetzt, wenn das Unternehmen ein Produkt einführt, welches es bereits am Markt gibt. Das Unternehmen bietet das Produkt zunächst zu einem sehr niedrigen Preis an; hat es dann einen bestimmten Verbreitungsgrad erreicht, wird der Preis nach und nach auf das gewünschte Niveau angehoben.

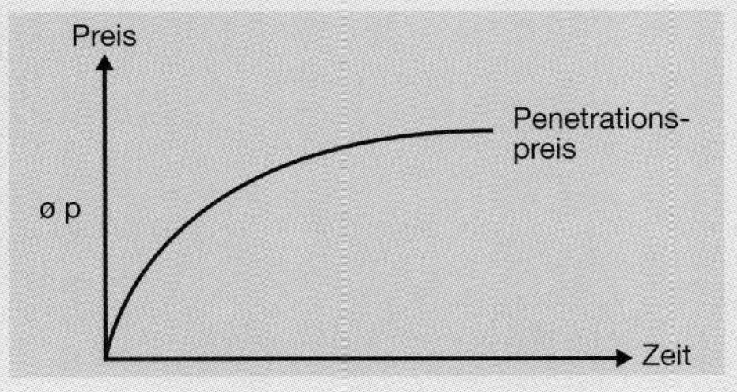

Preisdifferenzierungsstrategien

Preisdifferenzierungsstrategien verfolgen das Ziel, durch unterschiedliche Preise für ein- und dasselbe Produkt den Gesamtumsatz, der mit diesem Produkt erzielt wird, zu erhöhen. Dabei werden drei Varianten unterschieden:

- **Räumliche Preisdifferenzierung**: Der Preis des Produkts ist abhängig von der Region bzw. Nation, in der es angeboten wird.
  Beispiele *Unterschiedliche PKW-Preise eines Herstellers in verschiedenen EU-Ländern, abweichende Immobilienpreise eines Bauunternehmers in Nord- und Süddeutschland*
- **Zeitliche Preisdifferenzierung**: Das Produkt wird abhängig vom Zeitraum des Angebots zu unterschiedlichen Preisen angeboten.
  Beispiele *Saisonabschläge für Frühbucher, unterschiedliche Telefontarife zu verschiedenen Tageszeiten*
- **Kundenspezifische Preisdifferenzierung**: Bestimmte Kundengruppen zahlen weniger als andere Kundengruppen.
  Beispiele *Gewerbliche Unternehmen zahlen geringere Strompreise als Endverbraucher, Junioren und Senioren erhalten Vergünstigungen von der Deutschen Bahn AG (hier auch: Zahlungs- und Lieferungsbedingungen bevorzugter Kunden).*

Psychologische Preisstrategien

Sofern der Preis für das neue Produkt grob festgelegt ist, werden für die endgültige Preisauszeichnung gewöhnlich psychologische Strategien einbezogen. Diese Strategien sollen den Konsumenten unbewusst beeinflussen. Man unterscheidet:[1]

- **Berücksichtigung psychologischer Preisschwellen**: Der Anbieter versucht stets, mit seinen Preisen unterhalb „runder" Preise zu bleiben. So erscheint ein PKW mit einem Preis von 19.995,00 EUR erheblich günstiger als mit einem Preis von 20.000,00 EUR.
- **Abfallende Zahlenreihen**: Kunden nehmen abfallende Zahlenreihen als deutlich günstiger wahr als aufsteigende: Ein Preis von 16.520,00 EUR wird als erheblich geringer wahrgenommen, als ein Preis von 16.789,00 EUR.
- **Multipack-Preise**: Viele Anbieter verwirren die Kunden, indem sie Produkte in Paketen (Familienpackung, 10er Pack usw.) zu vermeintlich günstigen Preisen anbieten. So konnte in einem Experiment gezeigt werden, dass Kunden das Gefühl haben, erheblich günstiger einzukaufen, wenn sie für 3 Dosen eines Getränks 1,17 EUR zahlen, statt für eine Dose für 0,39 EUR aufzuwenden.

Preisdurchsetzungsstrategien

Der Hersteller plant im Rahmen der Preispolitik bestimmte Preise für seine Produkte, welche sorgfältig abgestimmt sind mit seinen anderen absatzpolitischen Instrumenten. Beispielsweise darf ein Luxusparfum nicht zu Niedrigpreisen in einem Discounter angeboten werden. In vielen Fällen aber interessiert sich der Einzelhändler nicht für die Preisstrategie des Herstellers, sondern versucht, seinem benachbarten Konkurrenzgeschäft durch Sonderangebote Kunden abzuziehen. Um den Handel dazu zu bringen, die vom Hersteller gewünschten Preise gegenüber dem Endverbraucher zu verlangen, hat er zwei Möglichkeiten:

- **Vertikale Preisbindung („Preisbindung der zweiten Hand")**: Der Hersteller verpflichtet den Handel vertraglich, einen bestimmten Endverbraucherpreis zu verlangen. In Deutschland sind solche Verträge grundsätzlich nichtig, davon ausgenommen sind lediglich Verlagserzeugnisse.
- **Unverbindliche Preisempfehlung (UVP)**: Der Hersteller versucht, durch eine unverbindliche Preisempfehlung gegenüber dem Handel (Handelspreisempfehlung) oder dem Endverbraucher (Verbraucherpreisempfehlung) weiterhin einen gewissen Einfluss auf die Preisgestaltung bis zum Endverbraucher zu nehmen. Die UVP ist in Deutschland für Markenwaren erlaubt, unterliegt jedoch der ständigen „Missbrauchsaufsicht" durch das Bundeskartellamt.

---

[1] vgl. Weis: Marketing, Ludwigshafen, 2004

Kalkulieren des Verkaufspreises mit einer Zuschlagskalkulation

Der Hersteller muss sich bei der Preisbestimmung nicht nur an der Nachfrage nach seinem Produkt und an dem Verhalten des Wettbewerbs orientieren, sondern auch an seinen eigenen Kosten. Wenn bislang vom Preis gesprochen wurde, so war stets der Endverbraucherpreis gemeint, den der Einzelhandel verlangt. Nun muss der Listenverkaufspreis (LVP) kalkuliert werden, also der Preis, zu dem Careli das Produkt an den Großhandel verkauft. Zu diesem Zweck soll zunächst eine Zuschlagskalkulation durchgeführt werden:

Arbeitsaufträge:

1. *Führen Sie mithilfe des folgenden Infotextes eine Zuschlagskalkulation durch und errechnen Sie den Listenverkaufspreis für Ihr neues Produkt. Die Gemeinkostenzuschlagssätze beruhen auf einer Absatzschätzung von 40.000 Stück/Jahr. Pro Stück liegen folgende Angaben vor:*
   - *Fertigungsmaterial: 4,50 EUR*
   - *Fertigungslöhne: 7,67 EUR*

Zuschlagskalkulation			
	Zuschlagssatz		EUR
		Fertigungsmaterial	
+	10 %	Materialgemeinkosten	
=		**Materialkosten**	
		Fertigungslöhne	
+	90 %	Fertigungsgemeinkosten	
=		**Fertigungskosten**	
=		**Herstellkosten**	
+	12 %	Verwaltungsgemeinkosten	
+	5 %	Vertriebsgemeinkosten	
=		**Selbstkosten**	
+	15 %	Gewinn	
=		**Barverkaufspreis**	
+	2 %	Kundenskonto	
=		**Zielverkaufspreis**	
+	20 %	Kundenrabatt	
=		**Listenverkaufspreis**	

2. *Der Handel ist bereit, einen Listenpreis von maximal 27,00 EUR zu akzeptieren.*
   a) *Ermitteln Sie (unter Beibehaltung der Konditionen) mithilfe einer Rückwärtskalkulation den entsprechenden Barverkaufspreis für die Tasche.*

   Ergebnis: ______________________

   b) *Ermitteln Sie für eine Absatzmenge von 40.000 Stück den Beitrag der Tasche zum gesamten Betriebserfolg (Gewinn/Verlust). Legen Sie als Erlös den Barverkaufspreis aus Aufgabe a) zugrunde.*

   Ergebnis: ______________________

   c) *Welche Schlussfolgerung wäre im Rahmen der Vollkostenrechnung zu ziehen? (Begründung)*

____

____

____

Infotext: Zuschlagskalkulation zur Ermittlung des Verkaufspreises

Die Kosten der Herstellung und Vermarktung eines Produkts dürfen nicht höher sein als der Preis. Mithilfe der Zuschlagskalkulation kann der Hersteller seine Gesamtkosten („Vollkostenrechung") erfassen und einen prozentualen Gewinnaufschlag hinzukalkulieren. Die Vollkostenrechnung unterscheidet zwei Arten von Kosten:

Einzelkosten und Gemeinkosten

Einzelkosten sind die Kosten, die dem einzelnen Produkt zugeordnet werden können, sie werden deshalb auch als „direkte Kosten" bezeichnet. Damit ist es möglich, die Einzelkosten eines geplanten Produkts präzise zu kalkulieren.
Beispiel Für die Herstellung eines Tisches lassen sich die Kosten für Holz, Leim und Schrauben exakt dem einzelnen Tisch zuordnen.

Gemeinkosten sind hingegen die Kosten, die für die Produktion verschiedener Produkte gemeinsam anfallen und daher nicht jedem Produkt direkt, sondern nur indirekt zugeordnet werden können (z. B. Heizkosten, Hallenmiete). Sie werden daher auch als „indirekte Kosten" bezeichnet. Sie werden auf alle Produkte umgelegt und als prozentualer Zuschlagssatz pauschal den bekannten Einzelkosten hinzuaddiert. Diese Zuschlagssätze, welche durch das Controlling ermittelt werden, werden von Anfang an in das Kalkulationsschema eingetragen.

Schritte der Erstellung einer Zuschlagskalkulation

Zunächst werden die Materialkosten als Einzelkosten des Produkts (z. B. für Rohstoffe, Hilfsstoffe) ermittelt und anschließend die erwarteten Materialgemeinkosten (z. B. für Transporte und Lagermiete) hinzugerechnet. Die Summe beider Positionen nennt man **Materialkosten**.

Dann werden die erforderlichen Fertigungslöhne als Einzelkosten berechnet und die erwarteten Fertigungsgemeinkosten (z. B. Maschinenkosten, Energiekosten) hinzuaddiert. Fertigungslöhne und Fertigungsgemeinkosten ergeben die **Fertigungskosten**.

Die Summe aller Fertigungskosten und der Materialkosten nennt man **Herstellkosten**. Sie sind wiederum Berechnungsgrundlage für die **Verwaltungsgemeinkosten** (z. B. Gehälter der Personalabteilung) sowie für die **Vertriebsgemeinkosten** (z. B. Gehälter von Außendienstmitarbeitern). Der Zuschlagssatz der Verwaltungs- und Vertriebsgemeinkosten bezieht sich stets auf die Herstellkosten.

Die Summe aus Herstellkosten, Verwaltungskosten und Vertriebskosten nennt man **Selbstkosten**. Sie stellen die Summe aller Kosten der Erstellung eines Produkts dar und sind wiederum Berechnungsgrundlage des gewünschten Gewinnzuschlags des Unternehmers: Selbstkosten zuzüglich Gewinnzuschlag ergeben dann den **Barverkaufspreis** gegenüber dem Kunden (Großhändler).

Um den Kunden zu vorzeitiger Zahlung zu motivieren, wird ihm ein sogenannter **Skonto** (Ermäßigung bei vorzeitiger Zahlung) eingeräumt. Darüber hinaus gewährt man dem Kunden gewöhnlich aufgrund guter Geschäftsverbindungen oder großer Abnahmemengen einen **Rabatt** (Kunden- oder Mengenrabatt). Da Skonto und Rabatt vom Verkaufspreis abgezogen werden, muss der Hersteller sie im Vorfeld mit in den Preis einkalkulieren, sonst würde er seine Produkte mit Verlust verkaufen. Zu diesem Zweck wird dem Barverkaufspreis der Skontobetrag hinzugerechnet und damit der sogenannte **Zielverkaufspreis** ermittelt. Diesem wird der Rabatt hinzuaddiert und damit schließlich der endgültige **Listenverkaufspreis** ermittelt.

Merke: Da auf der Ausgangsrechnung der Kundenskonto auf den Zielverkaufspreis und der Rabatt auf den Listenverkaufspreis gewährt wird, erfolgt die Berechnung in beiden Fällen „im Hundert": BVP und Skonto ergeben zusammen den ZVP (= 100 %), ZVP und Rabatt ergeben zusammen den LVP (= 100 %).

Vorwärts- und Rückwärtskalkulation

Der oben beschriebene Weg wird auch als „Vorwärtskalkulation" bezeichnet, da nach und nach alle Positionen addiert werden, bis der Listenverkaufspreis errechnet ist. In der Realität bestimmt aber oft der Handel, welchen Preis er zu zahlen bereit ist. Ist der Hersteller am Verkauf eines Produkts interessiert, so muss er also ausgehend von einem vorgegebenen Listenverkaufspreis seinen Barverkaufspreis bzw. Gewinnzuschlag „rückwärts" kalkulieren.

Berechnen von Deckungsbeitrag und Break-even-Point

Nach einigen Wochen steht fest: Weder können die Kosten gesenkt werden, noch ist der Großhandel bereit, einen höheren Listenverkaufspreis als 27,00 EUR zu akzeptieren. Dr. Walter, Leiter der Produktion, rechnet vor, warum die Aufnahme der Produktion dennoch sinnvoll sein kann:

„Pro Jahr könnten mit derzeit nicht ausgelasteten und daher verfügbaren Maschinenkapazitäten 65.000 Taschen produziert werden. Da die Fixkosten für diese Anlagen (Abschreibungen, Leasing- und Serviceverträge usw.) ohnehin anfallen, müssten bis auf Weiteres nur die variablen Kosten der Produktion der Schultasche berücksichtigt werden. Sollte sich dabei ein positiver Deckungsbeitrag ergeben, so lohnt die Produktion in jedem Fall, denn das Produkt kann einen Beitrag zur Deckung der fixen Kosten liefern.“

Arbeitsaufträge

1. *Prüfen Sie, ob Sie das Verhältnis von fixen zu variablen Kosten der Zuschlagskalkulation entnehmen können.*

2. *Errechnen Sie nachfolgende Deckungsbeitragsgrößen unter der Annahme, dass Careli einen Listenverkaufspreis von 27,00 EUR kalkuliert und der Handel alle Rabatte und Skonti in Anspruch nimmt. Die variablen Kosten betragen 15,79 EUR je Tasche.*

a) Stückdeckungsbeitrag (db) in EUR: ____________________

b) Stückdeckungsbeitrag (db) in Prozent: ____________________

c) gesamter Deckungsbeitrag (DB) in EUR bei einer erwarteten Absatzmenge von 40.000 Stück:

____

3. *Welche Empfehlung wäre aus Sicht der Deckungsbeitragsrechnung auszusprechen? Interpretieren Sie Abweichungen der Ergebnisse gegenüber der Vollkostenrechnung.*

____

____

____

4. *Neben den erwarteten 40.000 Stück Absatz könnten weitere 20.000 Taschen an einen lettischen Importeur zu einem Barverkaufspreis von maximal 16,50 EUR veräußert werden. Wie hoch würde der damit verbundene zusätzliche Deckungsbeitrag ausfallen und was bedeutet das für Careli?*

Ergebnis: ____________________

5. *Wie wäre das Angebot aus 4 zu beurteilen, wenn der lettische Kunde auf einer Mindestabnahme von 30.000 Stück bestanden hätte?*

Ergebnis: ____________________

6. *Für den Fall, dass für die Produktion der Schultasche keine freien Maschinenkapazitäten zur Verfügung stehen, würden für die Anschaffung neuer Maschinen Fixkosten in Höhe von 281.600,00 EUR anfallen. Ermitteln Sie rechnerisch den Break-even-Point und interpretieren Sie das Ergebnis.*

____

____

____

Infotext: Deckungsbeitragsrechnung und Break-even-Point

Der Verkaufspreis, der mithilfe der Zuschlagskalkulation ermittelt wurde, berücksichtigt alle anfallenden Kosten (daher „Vollkostenrechnung“) sowie den gewünschten Gewinnzuschlag des neuen Produkts. In der Praxis kann der Unternehmer diesen „Wunschpreis“ aber oft nicht durchsetzen, denn viele Wettbewerber bieten ihre Produkte günstiger an. Dennoch kann die Produktion und Vermarktung des neuen Produkts sinnvoll sein und die Gewinnsituation des Unternehmens verbessern. Das soll mithilfe der Deckungsbeitragsrechnung gezeigt werden, welche nur einen Teil der Kosten betrachten kann (daher „Teilkostenrechnung“) und zwischen fixen und variablen Kosten unterscheidet.

Fixe und variable Kosten

Ein Teil der betrieblichen Kosten einer Periode fällt unabhängig von der Produktionsmenge an (z. B. Heizkosten, Miete, Versicherungen usw.), und zwar selbst dann, wenn gar nichts produziert wird. Diese festen Kosten bezeichnet man als **fixe** Kosten. Daneben gibt es die **variablen** Kosten, die abhängig von der produzierten Stückzahl entstehen, zum Beispiel die Kosten für Roh-, Hilfs- und Betriebsstoffe. Variable Kosten sind die zentrale Schlüsselgröße des Deckungsbeitrags.

Ermittlung des Deckungsbeitrags

Immer dann, wenn der Verkaufspreis des Produkts höher ist als dessen variable Kosten, leistet dieses Produkt einen positiven Beitrag zur Deckung der Fixkosten. Dieser Beitrag heißt „Deckungsbeitrag“:

Deckungsbeitrag = Erlöse – variable Kosten

Merke: Die Aufnahme der Produktion ist immer dann sinnvoll, wenn

- ein positiver Deckungsbeitrag in einer Periode zu erwarten ist und
- der Unternehmer über freie Produktionskapazitäten (Maschinen, Mitarbeiter usw.) verfügt.

Man unterscheidet eine Stückbetrachtung und eine Gesamtbetrachtung:

- Stückdeckungsbeitrag (db) = Stückpreis – variable Stückkosten
- Gesamter Deckungsbeitrag (DB) = Gesamterlöse – variable Gesamtkosten

Der Deckungsbeitrag wird entweder als Betrag in EUR oder aber als Prozentsatz vom Erlös angegeben. Die Angabe in Prozent erlaubt eine bessere Vergleichbarkeit der Produkte und ist in der Praxis üblich.

Ermittlung des Break-even-Points

Sofern keine freien Produktionskapazitäten vorhanden sind und der Unternehmer in neue Produktionsanlagen investieren muss, kann er mithilfe des Stückdeckungsbeitrags errechnen, bei welcher Absatzmenge die Summe der Stückdeckungsbeiträge exakt alle Fixkosten deckt. In diesem Punkt ist der Gewinn genau 0 (Gewinnschwelle oder „Break-even-Point“). Jedes weitere abgesetzte Produkt erwirtschaftet einen Gewinn. Es gilt daher:

$$\text{Gewinnschwellenmenge} = \frac{\text{fixe Kosten}}{\text{db}}$$

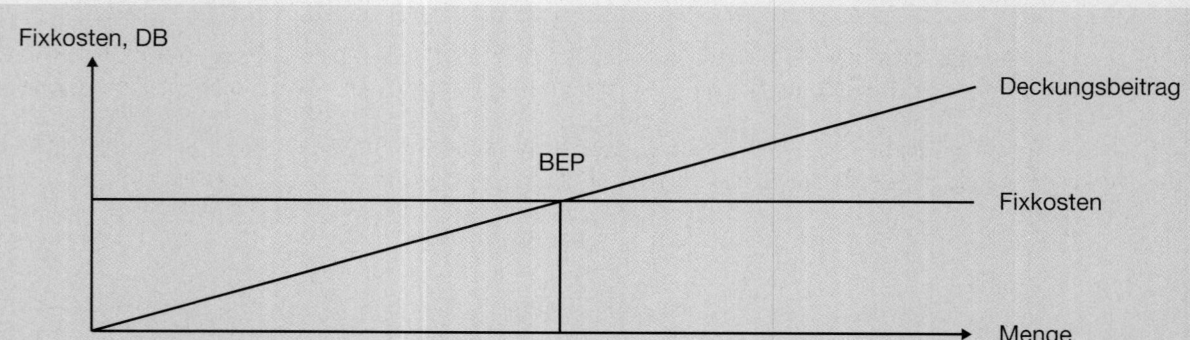

Break-even-Point

2 Preis- und Konditionenpolitik kompakt

Orientierungsgrößen der Preisbestimmung

Für die Preisbestimmung kann das Marketing auf drei Orientierungsgrößen zurückgreifen:

- **Nachfrage der Kunden**: Die Kernfrage für die Preisbestimmung lautet: „Wie viel sind die Kunden des betreffenden Marktsegments bereit, für dieses Produkt zu bezahlen?“ Dieser Preis kann als Preisobergrenze betrachtet werden und ist vorrangig dann von Bedeutung, wenn Unternehmen eine Monopolstellung am Markt einnehmen (z. B. durch einen Innovationsvorsprung gegenüber den Wettbewerbern). Daneben interessiert sich der Anbieter dafür, wie empfindlich die Nachfrage auf zukünftige Preisänderungen reagiert.
- **Preise der Wettbewerber**: Befindet sich ein Anbieter mit anderen Anbietern im Wettbewerb, können die Kunden jederzeit auf Produkte der Wettbewerber ausweichen. Jeder Anbieter muss deshalb den Wettbewerb genau beobachten und sich mit seinen Preisen gegenüber den Wettbewerbspreisen „positionieren“. Abhängig von seiner Marketingstrategie und seinem Produktimage kann der Anbieter dabei versuchen, seinen Umsatz mit Niedrigpreisen zu sichern, einem allgemeinen Durchschnittspreis („Leitpreis“) zu folgen oder sich mit überdurchschnittlich hohen Preisen vom Wettbewerb abzusetzen.
- **Kosten**: Die Preisuntergrenze eines Produktes wird durch die Kostenseite des Herstellers bestimmt. Dabei kann das Unternehmen im Rahmen einer Zuschlagskalkulation alle mit dem Produkt verbundenen Kosten einbeziehen („Vollkostenrechnung“) und einen Gewinnzuschlag hinzurechnen. Das setzt voraus, dass dieser Preis am Markt durchsetzbar ist. Da sich die meisten Unternehmen jedoch im harten Preiswettbewerb befinden, prüfen diese oft lediglich, ob der Deckungsbeitrag als Differenzgröße aus Erlös und variablen Kosten einen ausreichenden Teil der Fixkosten deckt („Teilkostenrechnung“). Voraussetzung sind freie Produktionskapazitäten. In der Marketingpraxis ist die Deckungsbeitragsrechnung üblich.

Preisstrategien

Als Preisstrategien bezeichnet man die systematisch geplante Preisbestimmung für die einzelnen Produkte in den verschiedenen Marktsegmenten zur Förderung der Gewinnmaximierung. Man unterscheidet folgende Strategien:

- **Preispositionierungsstrategien**: Das Unternehmen positioniert sich gegenüber seinen Wettbewerbern grundsätzlich und langfristig mit der Festlegung des Preisniveaus seiner Produkte:
  - **Hochpreisstrategie (Premiumpreisstrategie)**: dauerhaft hohes Preisniveau
  - **Marktpreisstrategie**: Orientierung am marktüblichen „Leitpreis“
  - **Niedrigpreisstrategie (Promotionspreisstrategie)**: dauerhaft niedriges Preisniveau

- **Preiseinführungsstrategien**: Das Unternehmen führt das Produkt zu einem befristet höheren oder niedrigeren Preis ein:
  - **Abschöpfungsstrategie (Skimmingstrategie)**: Ein anfänglich sehr hoch angesetzter Preis wird nach und nach gesenkt, bis er sein dauerhaft vorgesehenes Niveau erreicht hat.
  - **Penetrationspreisstrategie**: Ein anfänglich sehr gering angesetzter Preis wird nach und nach angehoben, bis er sein dauerhaft vorgesehenes Niveau erreicht hat.

- **Preisdifferenzierungsstrategien**: Das Unternehmen verlangt für ein Produkt unterschiedliche Preise:
  - **Räumliche Preisdifferenzierung**: Der Preis ist abhängig von der Region/Nation, in der das Produkt angeboten wird, z. B. unterschiedliche Kraftfahrzeugpreise im europäischen Ausland.
  - **Zeitliche Preisdifferenzierung**: Das Produkt wird innerhalb eines Jahres, Monats oder Tages zu unterschiedlichen Preisen angeboten, z. B. Winterschlussverkauf, Feiertagstarife.
  - **Kundenspezifische Preisdifferenzierung**: Verschiedenen Kunden bzw. Kundengruppen werden die Produkte zu spezifischen Preisen angeboten, z. B. vergünstigte Strompreise für Industriekunden.

- **Psychologische Preisstrategien**: Das Unternehmen berücksichtigt unbewusste Effekte beim Konsumenten:
  - **Berücksichtigung von Preisschwellen**: Der Preis wird unterhalb einer „runden Summe“ angesetzt, z. B. 19,95 EUR.
  - **Abfallende Zahlenreihen**: Ziffern des Preises fallen von links nach rechts ab, z. B. 9.875,00 EUR.
  - **Kombinationspreise**: Das Produkt wird im vermeintlich günstigeren Kombipack angeboten.

Instrumente der Preisdurchsetzung

Die Hersteller versuchen, die Höhe der Preise gegenüber den Endverbrauchern zu beeinflussen, indem sie

- eine unverbindliche Preisempfehlung (UVP) bekannt machen,
- den Handel vertraglich binden (nur bei Verlagserzeugnissen erlaubt).

Konditionenpolitik

Die Konditionenpolitik umfasst alle Entscheidungen rund um die Festlegung von Rabatten, Liefer- und Zahlungsbedingungen sowie Kreditbedingungen.

- **Rabattpolitik**: Der Anbieter motiviert den Händler zur Abnahme seiner Produkte, etwa für bestimmte Abnahmemengen (Mengenrabatt), aufgrund einer langjährigen Geschäftsbeziehung (Treuerabatt) oder weil der Lieferant einen guten Rabatt für sich herausgehandelt hat (Liefererrabatt).
- **Lieferungsbedingungen**: Der Anbieter bestimmt Zeitpunkt, Ort und Art der Lieferung, Umtauschbedingungen, Gefahrenübergang, Versicherungsfragen sowie Vertragsstrafen bei Verstoß gegen diese Bedingungen.
- **Zahlungsbedingungen**: Der Anbieter legt Zahlungsfristen, Zahlungswege, Höhe des Skontos (prozentuale Preisermäßigung bei vorzeitiger Zahlung) sowie Sicherheiten fest.
- **Absatzfinanzierung**: Um seinen Absatz zu erhöhen, unterstützt der Anbieter den Kunden bei der Finanzierung des Wareneinkaufs durch einen Kredit. Typische Beispiele sind der Konsumentenkredit (z. B. beim Autokauf), der Lieferantenkredit, der es dem Kunden erlaubt, die Ware später zu bezahlen, sowie das Leasing, bei dem der Kunde das Produkt für einen bestimmten Zeitraum mietet und je nach Vertrag für Reparatur und Wartung zuständig ist.

3 Vertiefungsaufgaben

1. *Analysieren Sie die Nachfrage nach amerikanischen Trekking-Bikes in Schwäbisch Hall.*
a) Stellen Sie in einem ersten Schritt die Nachfragekurve grafisch dar:

Preis in EUR	1.000	900	800	700	600	500	400	300	200	100
Nachfrage	0	5	10	15	20	25	30	35	40	45

b) Untersuchen Sie folgende Nachfrageeffekte bei Änderungen dieser Marktpreise. Annahme: Es gibt nur einen Anbieter am Ort.

Preisänderung von ... (EUR)	Preisänderung in %	Absatzänderung in Stück	Absatzänderung in %	Elastizität	Umsatzänderung (EUR)
200,00 auf 300,00					
200,00 auf 100,00					
800,00 auf 900,00					
800,00 auf 700,00					

c) Welche Schlussfolgerung können die Anbieter von Trekking-Bikes aus Schwäbisch Hall ziehen?

2. *Nennen Sie Beispiele aus Ihrer Erfahrung zum Einsatz von folgenden Preisstrategien:*

Hochpreisstrategien	
Niedrigpreisstrategien	
Skimmingstrategien	
Penetrationspreisstrategien	

3. *Die Trelle KG aus Berlin produziert neuartige Elektromotoren für Teleskopantennen. Bestimmen Sie die Listenpreise mithilfe eine Zuschlagskalkulation.*

	Elektromotor Typ A	Elektromotor Typ B
Fertigungsmaterial/Stck.	24,00 EUR	33,00 EUR
Fertigungslöhne/Stck.	6,00 EUR	7,00 EUR
Materialgemeinkosten	15 %	18 %
Fertigungsgemeinkosten	75 %	105 %
Verwaltungsgemeinkosten	30 %	
Vertriebsgemeinkosten	15 %	
Gewinnzuschlag	12 %	
Kundenskonto	3 %	
Kundenrabatt	25 %	

4. *Die Chrome GmbH ist ein Zulieferbetrieb der Automobilindustrie und hat sich auf die Produktion eines Steuerungsmoduls (Verkaufspreis: 520,00 EUR) spezialisiert. Die monatliche Produktionskapazität beträgt maximal 500 Stück, die monatlichen Fixkosten belaufen sich auf 81.000,00 EUR, die variablen Kosten betragen 340,00 EUR.*
a) Bei welcher monatlichen Produktionsmenge würde der Break-even-Point erreicht?
b) Ermitteln Sie den Prozentsatz der Kapazitätsauslastung bei Erreichen der Gewinnschwelle.
c) Wie hoch wäre der Gewinn bei voller Kapazitätsauslastung und Verkauf aller Module?

5. *Überlegen Sie, welche Kostengrößen aus der Voll- und Teilkostenrechnung als langfristige und welche als kurzfristige Preisuntergrenzen herangezogen werden können, und begründen Sie Ihre Meinung.*

F Distributionspolitik

1 Praxisfall „Careli GmbH“

Visualisieren des Vertriebssystems der Careli GmbH

Für den Endverbraucher sind die Careli-Produkte überwiegend im Einzelhandel erhältlich. Die große Zahl der inländischen Einzelhändler (vor allem Fachgeschäfte und Kaufhäuser) wird von 16 Reisenden des Hauses Careli besucht, welche die Beratungs- und Verkaufsgespräche führen. Careli verkauft seine Produkte außerdem direkt über eigene Niederlassungen in fünf deutschen Großstädten. Nur in Köln und Berlin werden sogenannte „Franchise-Fachhändler“ beliefert, welche als Careli-Fachgeschäfte äußerlich nicht von den Niederlassungen zu unterscheiden sind. Auch sie werden von Reisenden mitbetreut. In Frankreich betreut ebenfalls ein Reisender den Handel vor Ort. Nur in Spanien ist ein Handelsvertreter mit Sitz in Valencia eingeschaltet, der für den spanischen Einzelhandel zuständig ist.

Arbeitsauftrag:

Für eine Beamer-Präsentation der Geschäftsführung soll das Vertriebssystem von Careli auf einer einzigen Folie grafisch dargestellt werden. Diese Grafik soll differenziert veranschaulichen,

- *über welche Vertriebswege die Produkte von Careli zum Endverbraucher gelangen,*
- *welche Vertriebsorgane jeweils beteiligt sind,*
- *inwiefern sich die Vertriebswege international unterscheiden,*
- *dass es unternehmenseigene Absatzorgane und rechtlich selbstständige Absatzorgane gibt.*

Stellen Sie mithilfe des Textes „Distributionspolitik kompakt“ auf S. 69 das Vertriebssystem von Careli in einer Skizze dar, die als Vorlage für die spätere Folie dienen soll. Verwenden Sie einen Bleistift, um Ihr Ergebnis korrigieren zu können.

Das Vertriebssystem von Careli

Ermitteln der günstigeren Alternative: Reisender oder Handelsvertreter?

Der spanische Absatzmarkt bekundet ein unerwartetes Interesse an allen Produkten der „young-line". Die Marketingabteilung von Careli erwartet daher zunehmende Umsätze im folgenden Geschäftsjahr und zieht aus Gründen der Kostensenkung in Erwägung, vor Ort einen Reisenden einzustellen.

Gegenwärtig werden Careli-Produkte in Valencia, Barcelona und Madrid durch den spanischen Handelsvertreter Herrn Moran vertrieben. Herr Moran aus Valencia arbeitet seit zwei Jahren für Careli und erhält eine Provision in Höhe von 7 % seines Umsatzes. Ein Reisender würde hingegen ein monatliches Festgehalt („Fixum") von 3.000,00 EUR zuzüglich einer Provision von 2 % des Umsatzes verdienen.

Folgende Vertriebsangaben zum spanischen Markt liegen vor:

Produktlinie	Umsatz im laufenden Jahr	erwartetes Umsatzwachstum im Folgejahr	erwarteter Umsatz im Folgejahr
business	350.000,00 EUR	+10 %	
traveller	170.000,00 EUR	+5 %	
female	400.000,00 EUR	+15 %	
outdoor	80.000,00 EUR	–12,5 %	
young-line	—	—	52.500,00 EUR
Summen:		—	

Arbeitsaufträge:

1. *Errechnen Sie den Gesamtumsatz für Spanien, den Careli im folgenden Geschäftsjahr erwartet.*

2. *Wie hoch wären die erwarteten minimalen Vertriebskosten im Folgejahr?*

3. *Stellen Sie in folgender Grafik schematisch dar, wie sich die Vertriebskosten beider Vertriebswege entwickeln würden. Gehen Sie dazu von der vereinfachten Annahme aus, dass keine weiteren Lohnnebenkosten entstehen:*

4. *Ermitteln Sie mathematisch, ab welchem Jahresumsatz der Reisende weniger Kosten verursacht als der Handelsvertreter.*

Diskutieren des Vertriebswegs „Factory-Outlet-Center“

In der niedersächsischen Stadt Soltau ist die Errichtung eines Factory-Outlet-Centers geplant, in dem auch das Unternehmen Careli GmbH vertreten sein soll, um dort gemeinsam mit anderen Herstellern erfolgreiche Markenprodukte zu ermäßigten Preisen direkt an Endverbraucher zu verkaufen.

Seitdem die Pläne bekannt geworden sind, wird dieses neue Einkaufszentrum von allen Seiten heftig diskutiert. Aus diesem Anlass ist in Kürze im Rathaus der Stadt Soltau eine Podiumssitzung mit Sprechern verschiedener Interessengruppen geplant, die live im Fernsehen (N3) übertragen werden soll.

Arbeitsaufträge:

1. *Informieren Sie sich in Kleingruppen im nachfolgenden Zeitungsartikel aus dem Bremer Kurier über die Hintergründe und bereiten Sie sich als Vertreter Ihrer Interessengruppe auf die Diskussion vor. Sie erhalten dazu eine Rollenkarte mit den erforderlichen Informationen von Ihrem Lehrer.*

2. *Sofern Sie Zuschauer der Diskussion sind, füllen Sie bitte folgenden Beobachtungsauftrag aus:*

Beobachtungsauftrag

Bitte achten Sie bei der Podiumsdiskussion besonders auf folgende Aspekte:

1. Welche Beiträge haben Sie besonders überzeugt?

___

___

___

___

2. Welche Beiträge fanden Sie nicht überzeugend?

___

___

___

___

3. Wie beurteilen Sie die Moderation (Leitung des Gesprächsverlaufs)?

___

___

___

___

4. Welche Aspekte kamen in der Diskussion aus Ihrer Sicht zu kurz?

___

___

___

___

Soltau, was nun?

Ein neues Factory-Outlet-Center im niedersächsischen Soltau scheidet die Gemüter

Das geplante Factory-Outlet-Center (FOC) in Soltau ist seit Beginn der Planungen ein Zankapfel. Etwa 100 namhafte Hersteller von Markenprodukten wie etwa Adidas, Nike, Boss oder Gucci sollen dort auf 20.000 Quadratmetern eigene Markenprodukte zum Schnäppchenpreis anbieten: Ware aus der vergangenen Saison und Artikel mit kleinen Fehlern sollen deutlich unter Preis verkauft werden. Die Auswirkungen auf die Region sind so erheblich wie umstritten.

Betreiber des neuen FOCs ist das amerikanisch-britische Unternehmen BAA McArthur Glen. Es erwartet für diesen Standort langfristig einen Jahresumsatz in dreistelliger Millionenhöhe. Doch die benachbarten Gemeinden Verden, Rotenburg und Lüneburg laufen Sturm gegen den neuen Konsumpalast, dessen 20.000 Quadratmeter Verkaufsfläche der gesamten Verkaufsfläche der Stadt Verden entsprechen. Die zahlreichen nicht bedachten Auswirkungen auf die benachbarten Innenstädte seien „verheerend“. Die Stadt Soltau hingegen freut sich über 600 neue Jobs und dringend erforderliche Impulse für den regionalen Tourismus. Der Fiskus sieht im Falle der Realisierung dieses Projektes erheblichen Steuereinnahmen entgegen, die so manches Loch im kommunalen Haushalt stopfen könnten. Entsprechend hat die Stadt Soltau bereits ihren Flächennutzungsplan für den Ortsteil Harber an der Autobahn Hannover-Hamburg geändert.

In Soltau hört man dieser Tage viele Meinungen. Eine Telefonbefragung unserer Redaktion ergab, dass die Mehrzahl der Bürger der Region einer Eröffnung eines FOCs positiv gegenübersteht. Andererseits weisen Sprecher mehrerer Interessenverbände regelmäßig auf die Vielzahl unerwünschter Auswirkungen in Wirtschaft und Umwelt hin, die mit dem Großprojekt verbunden sind.

BAA McArthur Glen begegnet deshalb politischen Widerständen mit kleinen Bonbons wie etwa einer Millionen Euro für Kunst, Kultur und Tourismus im Einzugsbereich des FOCs. Darüber hinaus will der Großinvestor den Kommunen 76.700,00 Euro für „innerstädtische Synergiemaßnahmen“ überweisen. Außerdem sollen Firmen aus den Landkreisen Rotenburg, Soltau-Fallingbostel, Verden, Uelzen, Celle und Lüneburg bei Auftragsvergaben zu 50 % berücksichtigt werden. Das entspricht einem Auftragsvolumen von rund 25 Millionen Euro.

Der Direktverkauf ab Werk hat sich in Deutschland immer mehr durchgesetzt: Es gibt rund 1.400 kleine Fabrikläden, allerdings nur wenige FOCs wie z. B. im brandenburgischen Wustermark bei Berlin und Zweibrücken in Rheinland-Pfalz. Viele solcher Projekte wurden nicht genehmigt oder vor Gericht gestoppt, dabei schätzt man den Bedarf in Deutschland auf über 100 solcher FOCs.

In den USA gibt es bereits 300 solcher Zentren in Gestalt hochmoderner Shopping-Malls mit Cafés, Restaurants und Großkinos. Schließlich ist Amerika das Land der unbegrenzten Möglichkeiten.

Entwickeln und Publizieren eines B2B-Webshops

In den letzten Monaten erkundigten sich immer mehr Einzelhändler bei Careli nach der Möglichkeit, Produkte online zu bestellen. Vor allem jüngere Einzelhändler machen zunehmend von diesem Vertriebsweg Gebrauch.

Die Marketingabteilung von Careli hatte daraufhin beschlossen, einen eigenen B2B-Webshop für den Einzelhandel einzurichten. Zu diesem Zweck wurde eine professionelle Software organisiert (siehe beiliegende CD). Da Ihr Chef sich mit dieser Art von Software nicht auskennt, bittet er Sie, selbstständig einen Webshop für die Careli GmbH zu entwickeln und im Internet zu publizieren.

Projektauftrag:

Entwickeln und publizieren Sie mithilfe der beiliegenden Software „Smartstore“ einen Webshop für die Careli GmbH. Gehen Sie dazu schrittweise vor:

1. *Installieren Sie das Programm „Smartstore.biz 5“ (auf beiliegender CD).*

2. *Richten Sie nun den Shop unter Einsatz der Online-Hilfe (Produktvideos auf der Website „www.smartstore.com“) ein:*

- a) *Berücksichtigen Sie alle Ihnen vorliegenden Unternehmensinformationen in Abschnitt A. Sofern Ihnen keine Informationen vorliegen, können Sie erfundene Einträge vornehmen.*
- b) *Erstellen Sie branchenübliche AGB mithilfe des Internets und binden Sie diese in den Shop ein.*
- c) *Die Kunden von Careli können zwischen folgenden Zahlungsarten wählen:*
  - *Kreditkarte*
  - *Bankeinzug*
  - *Nachnahme*
  - *Rechnung*
- d) *Das Logo der Careli GmbH soll überarbeitet werden. Entwickeln Sie ein einfaches Logo mit ansprechendem Design für Careli und binden Sie es in den Shop ein.*
- e) *Fotografieren Sie exemplarische Musterprodukte („Dummies“) und binden Sie diese Fotos in den Shop ein.*

3. *Publizieren Sie den fertigen Shop unter einer kostenlosen Domain (z. B. www.ihrname.de.vu).*

2 Distributionspolitik kompakt

Im Rahmen der Distributionspolitik wird festgelegt, wie das Produkt vom Hersteller zum Endverbraucher gelangen soll. Dazu müssen einerseits die richtigen Absatzwege und Absatzorgane ausgewählt werden. Andererseits muss das Marketing entscheiden, wie die Produkte transportiert und gelagert werden sollen.

Auswahl der Absatzwege und Absatzorgane

Der Weg vom Hersteller kann über unterschiedliche Wege erfolgen. Man unterscheidet grundsätzlich zwischen direktem Absatz und indirektem Absatz. Während beim direkten Absatz die Produkte ausschließlich durch unternehmenseigene Absatzorgane direkt an den Endverbraucher verkauft werden, schaltet man beim indirekten Absatz rechtlich selbstständige Absatzorgane zwischen Hersteller und Endverbraucher.

Verkauf über unternehmenseigene Absatzorgane

- **Mitglieder der Geschäftsführung**: In wenigen Branchen verkaufen die Geschäftsführer ihre Produkte selbst beim Kunden. Diese eher seltene Variante ist dann anzutreffen, wenn es sich um Großaufträge für einen kleinen Kreis bedeutender Kunden handelt, z. B. bei Investitionsgütern.
- **Reisende (Handlungsreisende)**: Sie sind als Angestellte des Herstellers in dessen Außendienst und gehören der Abteilung „Vertrieb“ an. Sie besuchen die Kunden (meistens Groß- und Einzelhändler) in einem ihnen zugewiesenen Bezirk und führen Beratungs- und Verkaufsgespräche. Reisende erhalten i. d. R. ein festes Grundgehalt (Fixum) zuzüglich einer Provision, deren Höhe sich nach dem Umsatz in ihrem Bezirk richtet. Sie macht ca. 10 bis 30 % ihres Bruttoeinkommens aus.
- **Verkaufsniederlassungen**: Der Hersteller verkauft seine Produkte in eigenen Niederlassungen bzw. Filialen unmittelbar an den Endverbraucher, z. B. Eduscho-Shops.
- **Factory-Outlet-Center („FOC“)**: Mehrere Hersteller schließen sich zusammen, um ihre Produkte in großen „Fabrikverkaufszentren“ zu ermäßigten Preisen direkt an den Endverbraucher zu verkaufen.
- **Internetvertrieb**: Über das Internet kann der Endverbraucher („B2C“ für „Business-to-Consumer“) oder der Händler („B2B“ für „Business-to-Business“) in einem Webshop direkt beim Hersteller bestellen.
- **Telefonvertrieb**: Der Kunde kann direkt beim Hersteller anrufen und bestellen.

Verkauf über rechtlich selbstständige Absatzorgane

- **Groß- und Einzelhandel**: Großhändler kaufen Waren in großen Mengen und beliefern die Einzelhändler vor Ort. Viele Einzelhandelsgeschäfte sind dagegen zu überregionalen Handelsketten zusammengeschlossen, welche direkt beim Hersteller einkaufen, z. B. Rewe, Schlecker usw.
- **Handelsvertreter**: Handelsvertreter besuchen – genauso wie die oben genannten abhängig beschäftigten Reisenden – den Groß- und Einzelhandel. Sie sind jedoch selbstständige Kaufleute, die ständig für ein oder mehrere Unternehmen Geschäfte vermitteln oder in deren Namen abschließen und dafür ausschließlich eine umsatzabhängige Provision (i. d. R. zwischen 6 bis 10 %) erhalten; man sagt: Sie werden „in fremdem Namen und für fremde Rechnung“ tätig. Rechte und Pflichten des Handelsvertreters sind in den §§ 84 bis 92 des HGB festgelegt. Verpflichtet sich der Handelsvertreter, für den Eingang der Zahlung aus den von ihm vermittelten bzw. abgeschlossenen Geschäften zu haften, so erhält er dafür eine entsprechend höhere „Delkredereprovision“.
- **Handelsmakler**: Auch der Handelsmakler ist selbstständiger Gewerbetreibender nach HGB (§§ 93 bis 104) und wird – ebenso wie der Handelsvertreter – in fremdem Namen und für fremde Rechnung tätig. Dieser hat jedoch die Aufgabe, von Fall zu Fall Vertragspartner zu finden und zusammenzuführen. Im Gegenzug für seine Vermittlungstätigkeit erhält er eine „Courtage“, die je zur Hälfte von beiden Vertragspartnern zu zahlen ist.
- **Kommissionär**: Der Kommissionär ist ein selbstständiger Kaufmann, der Waren auf Rechnung seines Auftraggebers (Kommittent, i. d. R. ein Hersteller) in eigenem Namen ein- oder verkauft. Der Kommissionär schließt mit dem Lieferanten dazu einen Kommissionsvertrag ab, er wird aber nur Besitzer und nicht Eigentümer der Ware. Der Kommissionär geht damit nicht das Risiko ein, auf selbst erworbener Ware sitzen zu bleiben, denn das Eigentum verbleibt beim Kommittenten. Da er die Waren aber in eigenem Namen verkauft, erfahren die Kunden nicht, dass er nicht Wareneigentümer ist. Kommissionäre können ständig oder von Fall zu Fall für einen Auftraggeber zuständig sein.
- **Franchisesystem**: Die Grundidee des Franchising besteht darin, dass der Franchisegeber (z. B. Hersteller) einem Franchisenehmer (z. B. Einzelhändler oder Gastronom) erlaubt, im Rahmen eines bestehenden Marketingkonzepts tätig zu werden. Der Franchisegeber schließt dazu einen Lizenzvertrag mit einem oder mehreren rechtlich selbstständigen Franchisenehmern und stellt diesen dann eigene Leistungen wie etwa Produkte, Lizenzen, Marken, Werbung, PR usw. zur Verfügung. Die Franchisenehmer produzieren bzw. verkaufen die Produkte des Franchisegebers in einem vertraglich zugesicherten Bezirk. Zu den 20 größten Franchiseunternehmen gehören z. B. McDonald's, OBI oder die TUI.

Marketinglogistik: Organisation von Transport und Lagerung

Sobald Absatzwege und Absatzorgane ausgewählt sind, muss entschieden werden, wie der Transport und die Lagerung der Ware gestaltet, gesteuert und überwacht werden sollen. Dieser Teilbereich der Distributionspolitik wird als „Marketinglogistik“[1] oder „physische Distribution“ bezeichnet und liefert Antworten auf folgende Fragen:

Versand und Transport

- Welche Transportmittel (z. B. LKW, Bahn, Schiff, Flugzeug) sollten eingesetzt werden?
- Sollten unternehmenseigene oder fremde Transportmittel (z. B. private Paketdienste, Spediteure) eingesetzt werden?
- Sollten Mindestauftragsgrößen definiert werden?
- Wie sollten Verpackung und Versand gestaltet werden?

Lagerung

- Sollten eigene Lager eingerichtet oder fremde Lager genutzt werden?
- Sollte ein zentrales Lager oder mehrere dezentrale Lager eingerichtet werden?
- Von welchen Lagern aus sollten Kunden beliefert werden?
- Sollte eine Vorratslagerhaltung vorgehalten werden oder bevorzugt das Unternehmen eine Just-in-time-Lieferung?

[1] Der Begriff „Logistik“ stammt aus der Militärwissenschaft und bedeutet „Nachschub“.

3 Vertiefungsaufgaben

1. *Prüfen Sie, welche der folgenden Aussagen zu Handelsvertretern und Reisenden richtig ist und begründen Sie Ihre Ansicht.*
   a) Der Handelsvertreter ist ein Angestellter des Unternehmens, für das er tätig ist.
   b) Der Handelsvertreter erhält ein Fixum und eine umsatzabhängige Provision für seine Leistungen.
   c) Rechte und Pflichten des Handelsvertreters ergeben sich aus dem BGB.
   d) Der Reisende erhält lediglich eine umsatzabhängige Provision für seine Leistungen.
   e) Der Franchisenehmer ist beim Franchisegeber beschäftigt.
   f) Der Reisende präsentiert dem Kunden die Produkte seines Arbeitgebers.
   g) Der Handelsvertreter ist ein selbstständiger Kaufmann, der in eigenem Namen und auf eigene Rechnung Verträge abschließt.
   h) Der Handelsvertreter erhält eine Delkredereprovision für besonders erfolgreiche Vertragsabschlüsse.

2. *Der Sportschuhhersteller Schiebel steht vor der Alternative, Reisende oder Handelsvertreter einzusetzen. Für die Reisenden muss das Unternehmen ein monatliches Fixum von 20.000,00 EUR sowie 4 % Umsatzprovision bezahlen; die Vertreter erhalten 9 % Umsatzprovision. Der erwartete Monatsumsatz liegt bei 500.000,00 EUR.*
   a) Überprüfen Sie rechnerisch und zeichnerisch, ob der Einsatz von Reisenden unter den gegebenen Bedingungen lohnt.
   b) Ermitteln Sie rechnerisch den kritischen Umsatz, bei dem Reisende und Handelsvertreter dieselben Kosten verursachen.
   c) Schiebel beabsichtigt, zukünftig auch den ungarischen Markt zu beliefern, welchen er noch nicht näher kennt. Überlegen Sie, ob dort eher ein Reisender oder ein Handelsvertreter eingesetzt werden sollte, und begründen Sie ihre Meinung.

3. *Die kaufmännische Angestellte Nörenberg will sich den Traum eines eigenen vegetarischen Restaurants erfüllen. Dazu überlegt sie, ob sie ihr Restaurant völlig eigenständig betreiben oder einen Franchisebetrieb einer vegetarischen Restaurantkette eröffnen sollte. Welche Vor- und Nachteile könnten für Frau Nörenberg mit so einem Franchisevertrag verbunden sein?*

4. *Klavierbauer Liebenthron muss sich vor dem Hintergrund wachsender Auftragseingänge entscheiden, ob er für den Transport seiner Instrumente zum Kunden einen eigenen LKW erwerben oder weiterhin eine Spedition beauftragen soll. Ein eigener LKW verursacht jährlich feste Kosten in Höhe von 12.000,00 EUR, die Kosten je km belaufen sich dabei auf 0,80 EUR. Die Spedition stellt den gefahrenen Kilometer mit 1,80 EUR in Rechnung. Wie kann Liebenthron die günstigere Alternative für sich herausfinden?*

5. *Der Spielwarenhersteller Schmidt (Stofftiere und Chemiebaukästen) benötigt neue Lagerkapazitäten und steht vor der Frage, ob er ein großes Zentrallager oder mehrere kleinere dezentrale Lager einrichten soll. Was spricht aus Ihrer Sicht für ein Zentrallager und was für dezentrale Lagerung?*

6. *Beurteilen Sie das Just-in-time-Konzept im Hinblick auf betriebswirtschaftliche und ökologische Gesichtspunkte.*

G Kommunikationspolitik

1 Praxisfall „Careli GmbH“

Erarbeiten werbepsychologischer Grundlagen

Eine professionelle Gestaltung von Werbemitteln (Anzeigen, Spots, Plakate usw.) setzt die Kenntnis werbepsychologischer Grundlagen voraus. Diese sollen zunächst erarbeitet werden.

Arbeitsaufträge:

1. *Diskutieren Sie folgende These: „Werbung kann uns alle manipulieren.“*
2. *Bearbeiten Sie folgende Teilaufgaben mithilfe des folgenden Infotextes.*
   a) *Stellen Sie die im Text erläuterten werbepsychologischen Techniken in einer Baumstruktur übersichtlich dar.*
   b) *Erläutern Sie, inwiefern die vorgestellten Werbetechniken in den vier Beispielen (Abb. 1 bis 4) eingesetzt werden.*
   c) *Bringen Sie Werbeanzeigen aus Illustrierten mit und erstellen Sie eine Wandzeitung oder Mappe, in der Sie psychologische Werbetechniken an konkreten Beispielen veranschaulichen.*

Abb. 1: Werbung „Toyota“

Abb. 2: Werbung „Palmolive“

Abb. 3: Werbung „Schwäbisch Hall“

Abb. 4: Werbung „West“

Infotext: Techniken der Werbepsychologie

1. Aufmerksamkeit erzeugen

Seit einigen Jahrzehnten sind die Konsumenten ständig unzähligen Werbeinformationen aus zahllosen Medien ausgesetzt, die sie unmöglich vollständig verarbeiten können. Diesen Zustand nennt man „Informationsüberlastung“. Der Mensch filtert dabei von Natur aus solche Informationen aus, die für ihn nicht von Bedeutung sind. Ein Großteil der Werbungen wird daher überhaupt nicht wahrgenommen.

Aus diesem Grund versucht jede Werbung zunächst, Aufmerksamkeit beim Konsumenten zu erregen. Dazu werden sogenannte „Aktivierungstechniken“ eingesetzt, welche evolutionär entwickelte Reaktionsmuster nutzen, die im Stammhirn des Menschen beheimatet sind. Aktivierung ist ein Zustand erhöhter innerer Erregung oder Wachheit, der dazu führt, dass sich der Empfänger unwillkürlich einem ausgewählten Reiz zuwendet („Orientierungsreaktion“), sich aktiv mit dem Reiz beschäftigt und abhängig vom Grad der Aktivierung den Reiz in Erinnerung behält. Man unterscheidet drei Arten:

- **Physisch intensive Reize**: Dazu gehören alle Arten von großen, lauten, eindringlichen oder farbintensiven Reizen.
  Beispiele *Flächen mit auffälligen Farben, starke Kontraste, große fett gedruckte Buchstaben, mehrseitige Werbeanzeigen, laut und eindringlich gesprochene Radiospots.*
- **Emotionale Reize**: Hierbei handelt es sich um biologische Schlüsselreize, die automatisch ein bestimmtes Gefühl auslösen.
  Beispiele *Erotische Reize wie etwa ein großzügiges Dekolletee, niedliche Kinder- oder Tierköpfe mit großen Augen („Kindchenschema“), welche unwillkürlich Schutzinstinkte auslösen, oder ein Augenpaar, welches dem Betrachter wiederum in die Augen schaut und unwillkürlich als mögliche Gefahr wahrgenommen wird.*
- **Überraschungsreize**: In diesen Zusammenhang gehören alle Arten von Überraschungen, die durch gedankliche Widersprüche bzw. Unverhältnismäßigkeiten oder durch das Verstoßen gegen vorhandene Vorstellungen beim Betrachter ausgelöst werden. Eine Hauptrolle spielen dabei humorvolle Werbungen.
  Beispiele *für überraschende Headlines (Kopfzeilen) sind: „Reißt den Kölner Dom ab!“ (Anzeige deutscher Zeitschriftenverlage), „Nicht weiterlesen!“ (Deutsche Telekom) oder „Mieten Sie uns pleite!“ (Sixt).*

2. Kundennutzen versprechen

Abhängig von der Positionierungsstrategie des Unternehmens verspricht die Werbung dem Endverbraucher entweder einen Grund- oder Zusatznutzen des beworbenen Produkts und stellt diesen besonders heraus (siehe USP):

Fall 1: Versprechen eines Grundnutzens

Die Werbung verspricht objektiv nachweisbare physikalische, technische oder wirtschaftliche Eigenschaften des Produkts.
Beispiele *Der Installateur präsentiert vor laufender Kamera die Auswirkung unterschiedlicher Waschmittel auf die Verkalkung von Waschmaschinenteilen.*

Fall 2: Versprechen eines Zusatznutzens

Das Werbeversprechen konzentriert sich häufig auf den Zusatznutzen, welcher – offen oder verdeckt – die Befriedigung grundlegender menschlicher Bedürfnisse in Aussicht stellt:

- **Zugehörigkeit und Ankerkennung**: typischerweise bei Werbung für Textilien, Handys, Getränke
- **Wertschätzung durch Status und Prestige**: typischerweise bei Werbung für Automobile, Uhren
- **Erotik**: typischerweise bei Werbung für Kosmetika, Textilien, Körperpflegeprodukte
- **Sicherheit**: typischerweise bei Werbung für Versicherungen, Aidsprävention
- **Freiheit und Naturverbundenheit**: typischerweise bei Werbung für Touristik, Zigaretten, Automobile
- **Genuss**: typischerweise bei Werbung für Kaffee, Getränke, Zigaretten

3. Beeinflussungstechniken einsetzen

Die Werbung versucht, den Konsumenten durch verschiedene kognitive (gedankliche) und emotionale (gefühlsmäßige) Techniken zu beeinflussen:

Kognitive Techniken

- **Informieren**: Die Werbung informiert den Konsumenten über
  - die Erhältlichkeit eines neuen Produkts (Einführungswerbung),
  - bedeutsame Produktmerkmale (z. B. besondere Vitamine in einem Fruchtsaft),
  - den Produktnutzen (z. B. ausgeglichener Vitaminhaushalt bei Konsum des Fruchtsaftes).
- **Argumentieren**: Die Werbung setzt eine systematisch aufgebaute Beweisführung ein, um den Kunden zu überzeugen. Die logische Schlussfolgerung besteht darin, dass man das Produkt kaufen sollte.
  Beispiel *Eine Versicherung rechnet Sicherheit im Alter durch Auswahl der richtigen Lebensversicherung vor.*
- **Assoziationen[1] nutzen**: Die Werbung nutzt eingespielte Denkgewohnheiten und automatische gedankliche Verknüpfungen. Diese Technik wird häufig eingesetzt, um das Vertrauen des Konsumenten zu gewinnen.
  Beispiele *Der Zahnarzt erläutert in seiner Praxis die erfolgreiche Wirkungsweise einer Zahncreme: Der Konsument assoziiert dabei wissenschaftliche Fachkompetenz. Ein weiteres Beispiel ist die sogenannte „Substantivtechnik", die dem Konsumenten mithilfe künstlich geschaffener Substantive (z. B. Pflegeformel, Tiefenwirkung, Waschkraft, Mobilitätsgarantie, Kurvenstabilität) eine Scheinobjektivität vortäuscht.*

Emotionale Techniken

In den letzten Jahrzehnten hat die Werbung lange versucht, Kunden von den Vorteilen der Produkte zu überzeugen. Häufig interessieren sich Konsumenten aber selbst dann nicht für ein Produkt, wenn sie dessen Eigenschaften für gut halten. Heute weiß man, dass Emotionen für ein Produkt (Gefühle wie z. B. Prestige, Abenteuer, Erotik, Jugendlichkeit, Sportlichkeit, Frische, Gemütlichkeit, Geselligkeit, Geborgenheit usw.) für Image und Einstellung des Konsumenten und damit für sein Kaufverhalten häufig ausschlaggebender sind als objektive Produktvorteile. Mit folgenden emotionalen Techniken versucht die Werbung, die Gefühle der Konsumenten zu nutzen:

- **Atmosphäre aufbauen**: Eine angenehme Atmosphäre in der Werbung fördert nachweislich die Aufnahme, Verarbeitung und Einprägung der Werbebotschaft. Außerdem wird das Produkt langfristig positiver beurteilt, wenn die Werbung eine solche Atmosphäre erzeugt. Das geschieht beispielsweise durch schöne Landschaften, jugendlich-gesellige Partystimmung im Hintergrund des Produkts oder schöne Frauen in Motorradkatalogen. Der Zusammenhang von Behaltensleistung und emotionaler Intensität wurde von Rosenstiel und Neumann nachgewiesen:[2]

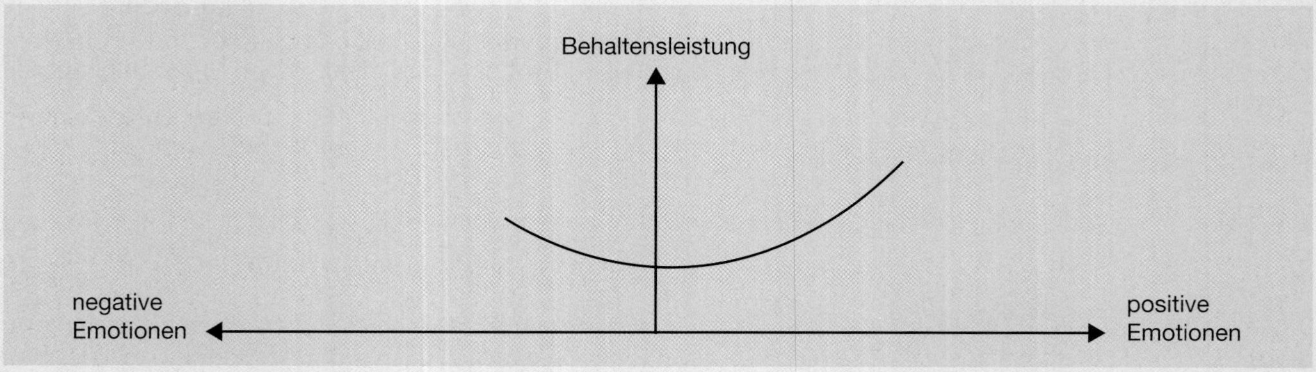

Einfluss der Emotionen auf die Behaltensleistung (Schwerinsche Kurve)

- **Emotionale Konditionierung**: Die Werbung lässt den Konsumenten Gefühle erlernen: Wird ein Produkt immer wieder mit ein und demselben emotionalen Reiz (z. B. stimmungsvolle Landschaft) dargeboten, so wird dieses Produkt in der Wahrnehmung des Konsumenten nach und nach emotional „aufgeladen": Sas Produkt selbst erhält nun einen emotionalen Erlebnisgehalt (Beispiele: BMW – Sportlichkeit, Coca-Cola – Jugend, Marlboro – Freiheit und Abenteuer). Diese Technik bezeichnet man als „emotionale Konditionierung".

> Emotionale Konditionierung beruht auf dem Prinzip der „klassischen Konditionierung", welche auf den russischen Verhaltensforscher Pawlow (1849–1936) zurückzuführen ist. Pawlow fand in einem Experiment mit Hunden heraus, dass bestimmte Reaktionen auf Reize im Laufe der Zeit an neue Reize geknüpft werden können: Immer wenn die Hunde gefüttert wurden (was bei Hunden grundsätzlich erhöhte Speichelbildung auslöst), läutete Pawlow mit einer Glocke. Nach einigen Wochen reichte das Klingeln mit der Glocke ohne Fütterung aus, um beim Hund die erhöhte Speichelbildung auszulösen.

[1] Assoziation: Verbindung, Verknüpfung

[2] L. V., Rosenstiel, P. Neumann: Einführung in die Markt- und Werbepsychologie, Darmstadt 1982

- **Emotionale Assoziationen nutzen**: Neben kognitiven Assoziationen können beim Menschen auch emotionale Assoziationen genutzt werden, also Verknüpfungen von Reizen mit Gefühlen.

  - **Farben**: In mehreren Untersuchungen konnte festgestellt werden, dass Hausfrauen ein und dasselbe Waschmittel in blauen Verpackungen für schonender hielten als in gelben Verpackungen und dass Versuchspersonen blaugrüne Räume kälter erschienen als rote mit identischer Temperatur. Die Werbepsychologie geht von folgenden Farbwirkungen aus:[1]

Farbe	Wahrnehmungen und Assoziationen beim Konsumenten
Rot	heiß, laut, süß, fest, erregend, herausfordernd, mächtig, stark
Orange	warm, trocken, süß, lebendig, heiter, anregend, freudig
Gelb	leicht, glatt, hell, anregend, fröhlich, frei
Grün	kühl, bitter, fruchtig, Gesundheit, Lebenskraft, jung, gelassen
Blau	kalt, nass, glatt, fern, seriös, passiv, beruhigend, zurückgezogen
Violett	samtartig, faulig-süß, würdevoll, unglücklich
Braun	warm, behaglich, schwer, genussvoll
Rosa	süßlich, weich, leicht, zärtlich, verspielt
Schwarz	drohend, hart, vornehm, elegant, kompromisslos

  - **Bilder**: Mit Bildern können komplexe Informationen übermittelt und damit entsprechende emotionale Assoziationen in Bruchteilen einer Sekunde ausgelöst werden, welche entweder natur- oder erfahrungsbedingt (z. B. freundlicher Gesichtsausdruck, gemütliche französische Straßencafés) aufgebaut werden.
  - **Worte**: Viele Worte sind mit emotionalen Assoziationen verknüpft. Die Werbung setzt zielgerichtet Worte ein, die üblicherweise positive Emotionen auslösen (Beispiele: Pflege, Genuss, Abenteuer).
  - **Klänge**: Unterschiedliche Arten von Musik können beim Menschen bestimmte Gefühle auslösen (z. B. Sehnsucht, Romantik, Aggression), ebenso verhält es sich mit dem Klang menschlicher Stimmen (z. B. väterlich beschützend, kraftvoll entschlossen, erotisch).

4. Aufnahme der Werbebotschaft sichern

Die Werbung muss sicherstellen, dass die Werbebotschaft auch tatsächlich im Sinne des werbenden Unternehmens aufgenommen und verstanden wird. Man unterscheidet vier grundlegende Techniken:

Einsatz der „vier Verständlichmacher“

Verständnis erreichen: Auch kostenintensive Werbungen können missverstanden werden und sind in diesem Falle erfolglos. Um sicherzustellen, dass die Werbebotschaft von Anfang an im Sinne des werbenden Unternehmens verstanden wird, werden die sogenannten „vier Verständlichmacher“ des Hamburger Kommunikationswissenschaftlers Schulz von Thun eingesetzt, welche sich auf Text- und Bildgestaltung sowie auf die ausgewählten Werbeinhalte anwenden lassen:

- **Einfachheit**: Jeder muss die Werbebotschaft verstehen, dazu sind einfache, selbsterklärende Worte, Symbole, Texte und Bilder zu verwenden.
- **Ordnung/Struktur**: Um etwas verständlich zu machen, versucht man stets, komplexe Informationen in eine übersichtliche Ordnung zu bringen. Beispiele sind Absätze und Zwischenüberschriften bei Texten oder eine inhaltliche Sachstruktur (roter Faden) in einer Argumentation.
- **Kürze/Prägnanz**: Um etwas verständlich zu vermitteln, sollte man auf Details und komplexe Zusammenhänge verzichten und sich stattdessen auf die Kernbotschaft beschränken. Die Werbeforschung empfiehlt z. B., dass eine Headline maximal acht Worte enthalten sollte.
- **Stimulanz**: Sachverhalte werden besser verstanden, wenn sie stimulierend (anregend) vermittelt werden. Das geschieht etwa durch den Einsatz von Farben, Bildern, Symbolen und Geschichten, durch Humor sowie über rhetorische Figuren (z. B. die Alliteration „Geiz ist geil“).

[1] vgl. H. J. Rogge, Werbung, Ludwigshafen 1988; G. Behrens, Werbung, München 1996

Abstimmung von Bild und Text

Um eine Botschaft problemlos auffassen und verstehen zu können, ist es erforderlich, dass Bilder und Texte aufeinander abgestimmt sind, sonst wird der Betrachter irritiert und die Werbebotschaft verwässert.

Blickführung zum Produkt

Die Werbung muss sicherstellen, dass der Blick des Betrachters nicht vom Werbeobjekt abgelenkt, sondern dort hingeführt wird. Zu diesem Zweck können systematische Blickverlaufsstudien durchgeführt werden. Der Betrachter muss sich vor allem an das Produkt erinnern – und nicht an die Werbung.

Hierarchischer Informationsaufbau

Man weiß heute, dass sich Leser einer Zeitschrift durchschnittlich maximal zwei Sekunden mit einer Werbeanzeige beschäftigen, dann bricht der Kontakt ab.[1] In diesen zwei Sekunden muss daher die Werbebotschaft angekommen sein. Einige Werbeforscher verlangen daher, dass die eigentliche Werbebotschaft bereits in der Headline enthalten sein sollte. Um die wichtigsten Informationen zu sichern und weitere Informationen bereitzustellen, geht man hierarchisch vor:

Die wichtigste Botschaft zuerst.
Dann die zweitwichtigste.
Dann die drittwichtigste usw.

5. Werbebotschaft verankern

Der Mensch vergisst von Natur aus die Informationen, die für ihn von nachrangiger Bedeutung sind bzw. mit denen er nicht regelmäßig konfrontiert wird. Dieser Zusammenhang wird in der sogenannten „Vergessenskurve“ dargestellt (Abb. 1). Wird die Werbebotschaft beständig wiederholt, so wird sie langfristig besser erinnert (Abb. 2).

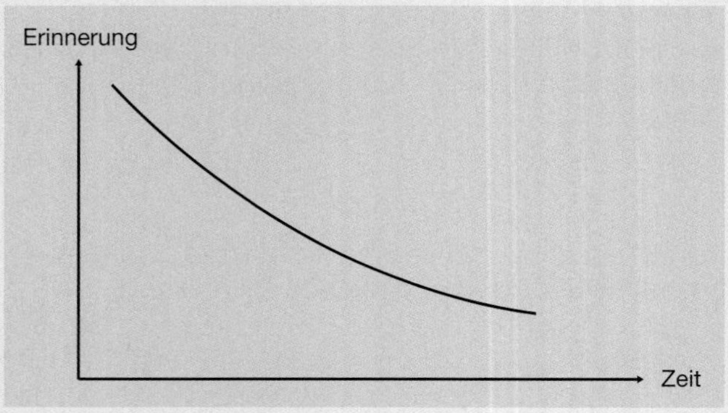

Abb 1: Vergessenskurve

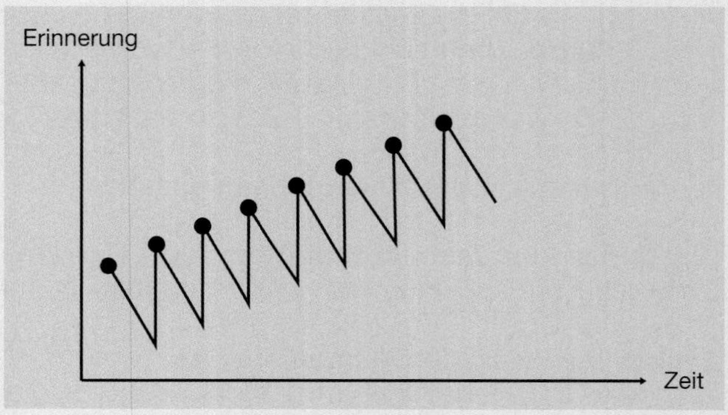

Abb. 2: Werbeerinnerungskurve bei acht Schaltungen

Die eingesetzten Werbetechniken lösen auf diese Weise nachhaltige gedankliche und emotionale Vorgänge aus, welche als Mosaikbausteine eines Images (diffuses Vorstellungsbild) bzw. einer Einstellung angesehen werden können. Da die Einstellungen von heute das Verhalten von morgen bestimmen, kann Werbung in bestimmten Grenzen das Kaufverhalten der Konsumenten beeinflussen.

[1] G. Schweiger, G. Schrattenecker: Werbung, Stuttgart 2001

Entwickeln eines Werbe- und Mediaplans

Zur Produkteinführung auf dem deutschen Markt soll eine bundesweite Werbekampagne in überregionalen Zeitschriften durchgeführt werden. Der Marketingabteilung steht für diese Kampagne ein Werbebudget von 1,5 Mio. EUR zur Verfügung, die Werbeagentur erhält für ihre Leistungen 7 % des Werbebudgets.

Um eine professionelle Durchführung der Kampagne zu gewährleisten, soll in einem ersten Schritt ein Werbeplan entwickelt werden. Dieser stellt die Weichen für die erfolgreiche Gestaltung der Werbeanzeigen.

Arbeitsauftrag:

Entwickeln Sie einen Werbeplan für die Einführungswerbung Ihres neuen Produkts. Nehmen Sie dazu den nachfolgenden Infotext zu Hilfe, er führt Sie Schritt für Schritt durch Ihren Auftrag:

1. *Unternehmensanalyse: Analysieren Sie die Ausgangssituation des werbenden Unternehmens.*
2. *Werbeobjekt: Beschreiben Sie das (die) zu bewerbende Produkt(e).*
3. *Zielgruppe: Beschreiben und analysieren Sie die Zielgruppe dieses Produkts.*
4. *Werbebudget: Verteilen Sie das Werbebudget auf Werbeagentur und Werbeträger.*
5. *Werbeziele: Formulieren Sie sinnvolle Werbeziele unter Berücksichtigung der Regeln.*
6. *Werbebotschaft: Entwickeln Sie auf Grundlage der Schritte 1 bis 5 eine plausible Werbebotschaft.*
7. *Mediaplan: Bestimmen Sie Werbeträger und -termine unter Berücksichtigung des Budgets.*

Infotext: Inhalt und Aufbau eines Werbe- und Mediaplans

In Anlehnung an die sogenannte „Laswell-Formel" beantwortet ein Werbeplan folgende Frage(n):

„Wer will was bei wem bis wann womit und wie erreichen?"

1. Unternehmensanalyse: Was ist das für ein Unternehmen?

In einem ersten Schritt muss die Ausgangssituation, in der sich das werbende Unternehmen befindet, analysiert werden. Das ist nötig, um anschließend sinnvolle Werbeziele aufstellen zu können: Denn wer nicht weiß, wo er steht („Ist-Zustand"), kann nicht sagen, wo er hin will („Soll-Zustand"). Dazu müssen zunächst folgende Aspekte geklärt werden:

- In welchen Märkten ist das Unternehmen bislang aktiv?
- Wie bekannt ist das Unternehmen in den einzelnen Märkten?
- Welches Image hat das Unternehmen in den einzelnen Märkten?
- Wie positioniert sich das gesamte Unternehmen im Wettbewerb?

2. Das Werbeobjekt: Was wird beworben?

In einem zweiten Schritt muss das zu bewerbende Produkt präzisiert werden:

- Was genau soll beworben werden (Beschreibung/Erläuterung des Produkts)?
- Wie ist das Produkt gegenüber dem Wettbewerb positioniert (USP)?

3. Zielgruppe: Wen wollen wir erreichen?

Die Zielgruppe steht für den Kreis von Konsumenten, auf welche sich die Werbekampagne konzentrieren soll. Eine präzise Definition, Abgrenzung und Beschreibung der Zielgruppe ist die Voraussetzung für die anschließende Gestaltung der Werbemittel und die Auswahl geeigneter Werbeträger. Die Zielgruppe soll hinsichtlich folgender Merkmale beschrieben und charakterisiert werden:

- **Demografische Merkmale**: Alter, Geschlecht, Familienstand, Haushaltsgröße, Einkommen, Beruf, Ausbildung, Wohnort
- **Psychografische Merkmale**: Interessen, Überzeugungen, Einstellungen, Motivationen, Lifestyle (Beschreibung des Lebensstils in Bezug auf typisches Konsumverhalten), Nutzenerwartungen
- **Involvement („Ich-Beteiligung") der Konsumenten**: Damit ist das Maß der individuellen Auseinandersetzung (Engagement) des Konsumenten mit dem Produkt gemeint. Bei niedrigem Involvement („Low Involvement") sind die Kunden kaum bereit, sachliche Informationen zum Produkt aufzunehmen, zu verarbeiten sowie zu speichern (Gegenteil: „High Involvement").
- **Medienverhalten**: Medien, über die diese Zielgruppe erreichbar ist.

4. Werbebudget: Welche Mittel stehen uns zur Verfügung?

Das Werbebudget wird verteilt auf die Erstellung der Werbemittel (bei größeren Unternehmen übernimmt das eine Werbeagentur) und die Nutzung der Werbeträger.

Im theoretischen Idealfall ist das erforderliche Werbebudget aus den Werbezielen abzuleiten. Denn erst, wenn das Unternehmen weiß, was es erreichen will, kann es das zugehörige Budget ableiten. In der Praxis aber kommt das sehr selten vor, gewöhnlich wird der Marketingabteilung ein prozentualer Umsatz- oder Gewinnanteil als Werbebudget zugeteilt. In diesem Fall müssen die Werbeziele an das Werbebudget angepasst werden.

5. Werbeziele: Was wollen wir bei der Zielgruppe erreichen?

Anforderungen an Werbeziele

Werbeziele werden aus der übergreifenden Marketingstrategie des werbenden Unternehmens abgeleitet und stellen die Weichen für alle weiteren Werbentscheidungen. Sie legen fest, was genau bis wann mit einer Werbekampagne erreicht werden soll. Werbeziele können nicht beliebig formuliert werden, sondern müssen strengen Anforderungen genügen:

- **Realisierbarkeit**: Werbeziele müssen so formuliert sein, dass das Erreichen der Werbeziele mit dem vorgegebenen Werbebudget möglich ist. Unrealistisch etwa wäre das folgende Werbeziel im Zusammenhang mit einer Produkteinführung: „90 % der Bundesbürger kennen das neue Produkt in 10 Tagen."
- **Messbarkeit**: Jedes Werbeziel muss so formuliert werden, dass anschließend messbar ist, ob es erreicht wurde. Beispiel: „40 % der deutschen Frauen über 30 kennen das Oil of Olaz."
- **Zurechenbarkeit**: Jedes Werbeziel ist so formuliert, dass das Erreichen dieses Ziels tatsächlich auf die Werbung zurückzuführen ist. Beispiel: „70 % der Befragten aus der Zielgruppe verbinden mit der Marke „Marlboro" die Gefühle Freiheit und Abenteuer."
- **Vereinbarkeit mit Produktpositionierung**: Alle Werbeziele müssen die Positionierung des Produkts, die durch alle anderen Marketinginstrumente erfolgt, unterstützen. Beispiel: Für das medizinisch positionierte Produkt „Sebamed" darf die Werbung nicht exotische Frische bewerben, sondern muss die Hautverträglichkeit herausstellen.
- **Zeitbezug**: Jedes Werbeziel enthält eine genaue Zeitangabe, bis wann es erreicht sein soll.

Beispiele

Die Werbeziele lassen sich nun mithilfe obiger Anforderungen formulieren. Typische Werbeziele sehen folgendermaßen aus:

Arten von Werbezielen	Erläuterung	Beispiel
Bekanntheitsgradziele	Ein bestimmter Anteil an Konsumten kennt das Produkt, sofern das Produkt vorher genannt wird (passive Produktkenntnis).	10 % der Konsumenten erkennen das Produkt wieder, wenn es ihnen gezeigt/genannt wird.
Aktualitätsziele	Ein bestimmter Anteil an Konsumenten kann das Produkt ohne Hilfestellung nennen (aktive Produktkenntnis).	5 % der Konsumenten können das Produkt ohne Hilfe nennen.
Informationsziele	Ein bestimmter Anteil an Konsumenten kennt die vorgegebenen Produktmerkmale.	40 % der Konsumenten wissen, dass Media Markt seine Produkte zu Niedrigpreisen anbietet.
Emotionsziele	Ein bestimmter Anteil an Konsumenten kann ein oder mehrere Gefühle mit einem Produkt in Zusammenhang bringen und beschreiben.	70 % der Konsumenten verbinden Marlboro mit Gefühlen von Abenteuer und Freiheit.
Imageziele	Ein bestimmter Anteil an Konsumenten kann ein inneres Vorstellungsbild mit dem Produkt in Zusammenhang bringen und beschreiben.	65 % der Flugkunden verbinden mit der Lufthansa ein Image von Sicherheit.

6. Werbebotschaft: Wie wollen wir die Werbeziele erreichen?

Die Werbebotschaft ist die Kernaussage, die den Konsumenten erreichen soll. Sie leitet sich ab aus den Schritten 1 bis 5 dieses Werbeplans.

Beispiel: Red Bull entfaltet eine spürbar belebende Wirkung und macht körperlich fit.

7. Mediaplan: Wann und wo soll die Werbung geschaltet werden?

Im Mediaplan (Streuplan, Werbeträgerplan) wird festgelegt, in welchen Werbeträgern zu welchen Zeitpunkten geworben werden soll, um die Zielgruppe im geplanten Maße zu erreichen. Als Werbeträger kommen infrage: Zeitungen, Zeitschriften, Beilagen, TV-Sender, Kino, Radiosender, Plakatwände/-säulen, Websites im Internet, Verkehrsmittel (Busse, Bahnen usw.), Adress-/Telefonbücher, Messestände usw.

Die wichtigste Kontaktmaßzahl zur Beurteilung des Erfolgs eines Werbeträgers ist die sogenannte Reichweite („reach"), die abhängig vom Werbeträger unterschiedlich definiert ist. Beispielsweise geben Zeitschriftenverlage in ihren Werbepreislisten an, wie viel Leser pro Ausgabe (LpA) erreicht werden, TV-Anstalten geben an, wie viel Minuten pro Tag ihr Sender gesehen wird usw.
Nun wird festgelegt, wann (Streuzeit) die Zielgruppe (Streukreis) in welchem Umfang (Streugebiet) über welche Medien (Streuweg) beworben werden soll. Im Mediaplan (Streuplan) wird die Schaltung der einzelnen Werbeträger kalendarisch dargestellt:

Jahr 20..				Monat											
Werbeträger	Reichweite (Mio.)	Schaltungen	Kosten (EUR)	J	F	M	A	M	J	J	A	S	O	N	D
1. Presse															
Stern	7,22	4	100.000,00												
Brigitte	3,62	4	50.000,00												
TV Today	2,64	7	45.000,00												
2. TV-Sender															
ARD	1,9	16	3.200.000,00												
ZDF	1,7	16	3.100.000,00												
SAT 1	2,2	12	1.500.000,00												
PRO 7	2,5	12	1.600.000,00												
	Gesamtkosten:		9.595.000,00												

Beispiel für einen Streuplan einer großen Werbekampagne (Werte unverbindlich)

Der Mediaplan muss die natürliche „Vergessenskurve" berücksichtigen, nach der jeder Mensch grundsätzlich nach und nach die Informationen vergisst, mit denen er sich nicht dauerhaft beschäftigt. In diesem Zusammenhang spricht man von Erhaltungs- und von Erinnerungswerbung.

Mediaplan

Zeitschrift	Jan				Feb				März				April				Mai				Juni				Juli				Aug				Sep				Okt				Nov				Dez				Kosten
	1	2	3	4	1	2	3	4	1	2	3	4	1	2	3	4	1	2	3	4	1	2	3	4	1	2	3	4	1	2	3	4	1	2	3	4	1	2	3	4	1	2	3	4	1	2	3	4	

Kosten Werbeträger:

Preisübersicht: Zeitschriftenwerbung

Folgende Preise für Zeitschriftenwerbung liegen der Marketingabteilung vor:

Zeitschrift	2/1	1/1	2/3	1/2	1/3	Auflage (Stück)	Leser in Mio. (ca.)	Erscheint
Stern	farbig: 98.600,00 sw: 76.800,00	farbig: 49.300,00 sw: 38.400,00	farbig: 34.800,00 sw: 26.500,00	farbig: 28.100,00 sw: 21.100,00	farbig: 21.000,00 sw: 14.600,00	1 Mio.	7,2	wöchentlich
Neon	19.200,00	9.600,00	keine Angabe	5.520,00	3.680,00	160.000	1,1	monatlich
Young miss	24.500,00	12.500,00	10.000,00	8.130,00	6.880,00	185.000	0,6	monatlich
TV TODAY	37.400,00	18.700,00	13.300,00	10.300,00	7.150,00	810.000	2,7	14-tägig
FHM	keine Angabe	18.000,00	keine Angabe	keine Angabe	keine Angabe	188.000	ca. 0,7	monatlich
Brigitte	farbig: 91.900,00 sw: 68.400,00	farbig: 46.900,00 sw: 34.900,00	farbig: 37.520,00 sw: 25.480,00	farbig: 30.500,00 sw: 20.240,00	farbig: 25.800,00 sw: 13.610,00	810.000	3,62	14-tägig
Allegra	20.000,00	10.000,00	8.500,00	7.000,00	5.000,00	250.000	0,9	monatlich
Geo	farbig: 69.200,00 sw: 52.400,00	farbig: 34.600,00 sw: 26.800,00	farbig: 23.300,00 sw: 18.045,00	farbig: 17.650,00 sw: 13.670,00	farbig: 12.000,00 sw: 9.290,00	470.000	4,5	monatlich

Bei Bedarf recherchieren Sie bitte weitere Preise zur Ergänzung der Tabelle:

Die genannten Preise sind beispielhaft und unverbindlich.

Gestalten einer Werbeanzeige

Arbeitsaufträge:

1. *Gestalten Sie auf Grundlage Ihres Werbeplans exemplarisch eine Werbeanzeige. Berücksichtigen Sie dabei*

- *die Vorgaben Ihres Werbeplans,*
- *die ihnen bekannten Techniken der Werbepsychologie.*

2. *Präsentieren Sie anschließend Ihre Ergebnisse und diskutieren Sie kritisch.*

a) inwiefern Ihre Anzeige die Vorgaben Ihres eigenen Werbeplans berücksichtigt,
b) wie psychologische Werbetechniken angemessen eingesetzt wurden.

2 Kommunikationspolitik kompakt

Im Rahmen der Kommunikationspolitik werden alle Entscheidungen rund um die Darstellung und Übermittlung von Informationen gegenüber den Kunden mit dem Ziel der Beeinflussung getroffen. Häufig werden die einzelnen Instrumente der Kommunikationspolitik einer übergreifenden Corporate-Identity-Strategie untergeordnet.

Corporate Identity als übergreifende Kommunikationsstrategie

Viele Unternehmen sind darauf bedacht, gegenüber der Öffentlichkeit (Kunden, Lieferanten, Aktionären usw.), aber auch gegenüber den eigenen Mitarbeitern ein einheitliches Erscheinungsbild und damit eine unverwechselbare Unternehmensidentität („Corporate Identity", kurz „CI") zu vermitteln. Das geschieht etwa durch eine einheitliche Verwendung von Farben, Logos, Schriftzug auf allen Werbemedien („Corporate Design"), aber auch durch einheitliche Verhaltensvorgaben zum Umgang mit Kunden, betrieblichen Verbesserungsvorschlägen usw. („Corporate Behavior").

Es gibt aber auch Unternehmen, die sich bewusst gegen eine Corporate-Identity-Strategie entscheiden, wie z. B. die Beiersdorf AG (Hamburg) oder die Henkel AG (Düsseldorf), welche als Unternehmen im Hintergrund bleiben.

Werbung (Promotion)

Werbung ist der systematische und bezahlte Einsatz von Massenmedien mit dem Ziel, bei der Zielgruppe Einfluss auf Image, Einstellungen und Kaufverhalten zu nehmen. In vereinfachter Form wird die psychologische Werbewirkung beim Konsumenten in der sogenannten „AIDA"-Formel erfasst:

Attention ⟶ **I**nterest ⟶ **D**esire ⟶ **A**ction

Im Gegensatz zur Öffentlichkeitsarbeit bezieht sich Werbung stets auf konkrete Produkte und Leistungen des Unternehmens. Man unterscheidet Werbung nach folgenden Kriterien:

- **Ziel der Werbekampagne**:
  - Einführungswerbung: erstmaliger Hinweis auf die Produkteinführung
  - Expansionswerbung: Bekanntmachen des Produkts gegenüber einem breiten Publikum
  - Erhaltungswerbung: kontinuierliches Erinnern an das Produkt (auch: Erinnerungswerbung)

- **Zahl der Werbenden**:
  - Alleinwerbung: Ein Unternehmen wirbt selbstständig für seine Produkte.
  - Kollektivwerbung: Mehrere Unternehmen investieren gemeinsam in eine Werbemaßnahme.
    - Sammelwerbung: Die werbenden Betriebe werden namentlich genannt.
    - Gemeinschaftswerbung: Die werbenden Betriebe bleiben anonym.

- **Technik der Beeinflussung**:
  - Informative Werbung: Der Kunde wird sachlich über Produktmerkmale informiert.
  - Emotionale/suggestive Werbung: Die Werbung wendet sich an Gefühle und Unbewusstes.

- **Budgetierung**:
  - Zyklische Werbung: Mit zunehmendem Umsatz nehmen die Werbeausgaben zu.
  - Antizyklische Werbung: Mit abnehmendem Umsatz nehmen die Werbeausgaben zu.

Werbung kostet jedes Unternehmen viel Geld. Deshalb sollte nach Durchführung der Werbemaßnahmen eine Werbeerfolgskontrolle durchgeführt werden, mit der die Erreichung der Werbeziele (Bekanntheitsgrad, Image, Produkterinnerung usw.) überprüft wird. Neben diesen sogenannten „außerökonomischen" Verfahren gibt es auch die ökonomische Messung der Werbewirkung in Form der Werberendite, welche den werbebedingten Umsatzzuwachs zu den Werbekosten ins Verhältnis setzt:

$$\text{Werberendite} = \frac{\text{Umsatzzuwachs}}{\text{Werbekosten}}$$

Öffentlichkeitsarbeit (Public Relations)

Ziel der Öffentlichkeitsarbeit (PR) ist der Aufbau guter Beziehungen zwischen Unternehmen und Öffentlichkeit (z. B. Kunden, Lieferanten, Aktionäre, Arbeitnehmer, Behörden usw.). Sie umfasst daher alle Maßnahmen, die das Vertrauen der Öffentlichkeit in das gesamte Unternehmen fördern sollen. Typische PR-Maßnahmen sind:

- Werksbesichtigungen (Tag der offenen Tür)
- Pressekonferenzen
- Vorträge und Diskussionsrunden
- Geschäftsberichte
- Unternehmensbroschüren.

Sponsoring

Sponsoring steht für Förderung von Personen, Organisationen und Veranstaltungen in den Bereichen

- Kultur, z. B. der WDR stellt Bühne und Technik für ein Live-Konzert eines Kölner Festivals,
- Sport, z. B. das Chemieunternehmen Bayer unterstützt eine Fußballmannschaft,
- Soziales, z. B. Shell erstellt eine Studie zur Situation von Jugendlichen.

Die Förderung kann durch Geld- oder Sachmittel sowie durch Dienstleistungen erfolgen. Im Gegenzug wird der Name des Sponsors deutlich kommuniziert. Die Sympathie und das Interesse gegenüber den gesponserten Organisationen sollen auf den Sponsor übertragen werden.

Verkaufsförderung (Salespromotion)

Unter Verkaufsförderung versteht man alle kommunikativen Marketingaktivitäten zur Unterstützung, Information und Motivation von Vertrieb, Handel und Kunden. Die Verkaufsförderung unterscheidet sich also insofern von Werbung und PR, als dass sie mittelbar bzw. unmittelbar am Verkauf ansetzt. Verkaufsfördernde Maßnahmen wenden sich an folgende drei Gruppen:

- **Vertriebsmitarbeiter**: Schulungen, Informationsmaterialien, Anreize („Incentives") aller Art usw.
- **Handel**: Schulungen, Bereitstellung von Displays zur Produktpräsentation usw.
- **Konsumenten**: Preisausschreiben, Produktvorführungen und -proben, Zugaben usw.

Productplacement

Unter Productplacement („Schleichwerbung") versteht man die Platzierung von Produkten als Requisiten in Spielfilmen oder Fernsehsendungen, ohne dass ein Werbezweck erkennbar wird. Typischerweise fährt die Identifikationsfigur des Films ein bestimmtes Auto oder bevorzugt eine bestimmte Kaffeesorte, die wie zufällig von der Kamera erfasst wird.

Direktmarketing

Direktmarketing ist ein Sammelbegriff für alle Kommunikationsmaßnahmen, bei denen sich das Marketing unmittelbar an die einzelnen Kunden wendet, ohne Außendienstmitarbeiter oder den Handel einzuschalten. Das geschieht typischerweise durch die Zusendung von Infobriefen, Prospekten und Katalogen, durch das Internet oder per Telefon (Telefonmarketing). Die Bedeutung des Direktmarketings hat vor dem Hintergrund gesättigter Märkte (Käufermärkte) erheblich zugenommen.

Messen

Messen sind zeitlich und örtlich festgelegte marktähnliche Veranstaltungen, auf denen die Anbieter den Kunden ihre Produkte vorstellen und Verkaufsverhandlungen anbahnen. Da die Anbieter abhängig davon sind, ob sie vom Kunden „zufällig" besucht werden, wird diese Maßnahme nicht dem Direktmarketing zugeordnet. Beispiele sind die „Buchmesse" in Frankfurt oder die „CeBIT" in Hannover.

3 Vertiefungsaufgaben

1. *Ordnen Sie den nachfolgend aufgelisteten Maßnahmen der Kommunikationspolitik die richtigen Fachbegriffe der Kommunikationspolitik zu:*

Fall	Kommunikationspolitische Maßnahme	Fachbegriff
a)	Eine Brauerei stattet den ortsansässigen Handballverein mit Sportkleidung aus. Im Gegenzug darf sie ihr Logo auf die Shirts drucken.	
b)	James Bond trinkt in seinem neuesten Film eine Coca-Cola, während sein Auftraggeber ihm das Ziel seiner Mission erläutert.	
c)	Ein Lotterieunternehmen versendet landesweit persönlich adressierte Werbebriefe, in denen es auf erhebliche Gewinnchancen hinweist.	
d)	Eine Versicherung schult ihre Außendienstmitarbeiter zu mehreren neuen Produkten, vor allem zu einer Kapitallebensversicherung.	
e)	Ein Gebrauchtwagenhändler stellt in der Samstagsanzeige der regionalen Tageszeitung seine bislang erfolglosen Modelle vor.	
f)	Ein Unternehmen der chemischen Industrie weist in vierfarbigen Anzeigen auf die Umweltfreundlichkeit seiner Produktion hin.	
g)	Ein Softwarehersteller präsentiert auf der CeBit in Hannover ein neues Warenwirtschaftsprogramm.	
h)	Ein Versicherungsunternehmen meldet sich telefonisch bei allen kaufmännischen Auszubildenden.	
i)	Ein Schokoladenhersteller baut in einer Supermarktkette farbige Displays zur optimalen Präsentation seiner Schokoriegel mit Fruchtfüllung auf.	
j)	Ein Handyhersteller erläutert in einer Pressekonferenz seine zukünftige internationale Marketingstrategie.	

2. *Eine mögliche Größe der Werbeerfolgsmessung ist die Werberendite.*
a) Berechnen Sie die Werberendite eines Unternehmens, welches 500.000,00 EUR in einer Werbekampagne investiert und damit einen Jahresumsatz von 5,52 Mio. EUR erwirtschaftet. Der Vorjahresumsatz betrug 4,8 Mio. EUR.
b) Beurteilen Sie diese Größe kritisch.

3. *Productplacement ist ein sehr erfolgreiches Instrument der Kommunikationspolitik. Machen Sie Vorschläge, in welcher TV-Serie Careli die Handtasche „Elena" (Zielgruppe sind Frauen ab 25 Jahren) erfolgreich platzieren könnte. Diskutieren Sie, welche Serie in welchem TV-Kanal Careli wählen sollte.*

4. *Ein Autohaus aus Ihrer Region plant die Schaltung einer Zeitungsanzeige zur Bewerbung neuer Modelle. Die Anzeige soll quadratisch (etwa 15 cm Kantenlänge) sein.*
a) Wählen Sie eine geeignete Zeitung aus.
b) Bestimmen Sie den Werbezeitpunkt.
c) Ermitteln Sie die tatsächlichen Kosten der Schaltung der Anzeige.

5. *Warum werben einige Unternehmen in der Praxis zyklisch und andere antizyklisch? Stellen Sie plausible Vermutungen an.*

H Marketingcontrolling

1 Praxisfall „Careli GmbH“

Berechnen, Darstellen und Auswerten von Soll-Ist-Abweichungen

Am Ende des Geschäftsjahres soll der Erfolg der Marketingmaßnahmen transparent dargestellt und ausgewertet werden. Dazu werden Soll-Ist-Vergleiche (Gegenüberstellungen von Planwerten und tatsächlichen Werten) durchgeführt und analysiert. Alle Prozentangaben sollen mit einer Stelle nach dem Komma angegeben werden.

Arbeitsaufträge:

1. *Berechnen Sie alle fehlenden Größen in Tabelle 1 (auf der nächsten Seite) und tragen Sie diese in die leeren Felder ein.*

2. *Stellen Sie in aussagefähigen Diagrammen folgende Soll-Ist-Vergleiche zu Erfolgsgrößen der Careli GmbH dar:*
   a) Gesamtumsatz
   b) Gesamtgewinn
   c) Umsatz der einzelnen Produktgruppen
   d) Gewinn/Verlust der einzelnen Produktgruppen

3. *Interpretieren Sie die Diagramme und versuchen Sie, Ursachen zu erklären.*

4. *Zur Produktgruppe „young-line“ liegen in Tabelle 2 (auf der nächsten Seite) Zahlen zur Analyse der Deckungsbeiträge vor.*
   a) Berechnen Sie alle fehlenden Größen und tragen Sie diese in die Tabelle ein.
   b) Stellen Sie in aussagefähigen Diagrammen dar:
      - *Ist-Deckungsbeiträge pro Quartal (in Tsd. EUR)*
      - *Umsatz und variable Kosten pro Quartal (in Tsd. EUR)*
      - *Soll-Ist-Abweichungen der Deckungsbeiträge pro Quartal (in %)*
   c) Interpretieren Sie Ihre Ergebnisse und erklären Sie mögliche Ursachen.

Auszug Controllingdaten

Produktgruppe	business			traveller			female			outdoor			young-line		
	Soll (Mio. EUR)	Ist (Mio. EUR)	Abweichung (%)	Soll (Mio. EUR)	Ist (Mio. EUR)	Abweichung (%)	Soll (Mio. EUR)	Ist (Mio. EUR)	Abweichung (%)	Soll- (Mio. EUR)	Ist (Mio. EUR)	Abweichung (%)	Soll (Mio. EUR)	Ist (Mio. EUR)	Abweichung (%)
Umsatz	12	14,9		26	28,8		32	33,8		10	4,8		2,5	2,9	
Kosten	9	11,5		24	27,5		28	29,5		8	4,5		8,5	10	
Gewinn/Verlust															

Tabelle 1: Übersicht: Erfolg aller Produktgruppen

Auszug Controllingdaten

Soll-Ist-Abweichungen der Deckungsbeiträge: young-line				
	Quartal I	**Quartal II**	**Quartal III**	**Quartal IV**
Umsatz (Tsd. EUR)	300	500	800	1.300
Variable Kosten (Tsd. EUR)	231	385	560	910
Ist-Deckungsbeitrag (Tsd. EUR)				
Ist-Deckungsbeitrag (%)				
Soll-Deckungsbeitrag (%)	25,4	25,4	25,4	25,4
Soll-Ist-Abweichung (%)				

Tabelle 2: Soll-Ist-Analyse der Deckungsbeiträge „young-line“

Analysieren des Produktlebenszyklus ausgewählter Produkte

Der Außendienst meldet unterschiedliche Verkaufserfolge zu den Handtaschen der Produktgruppe „female". Um die erforderlichen Marketingmaßnahmen für die einzelnen Modelle ableiten zu können, muss das Marketingcontrolling für jede dieser Taschen eine Produktlebenszyklus-Analyse vornehmen.

Arbeitsaufträge:

1. *Ihnen liegen die Umsatzangaben der Handtaschenmodelle vor. Berechnen Sie die Umsatzentwicklung gegenüber den Vorjahren in %.*

	Vorjahr -2	Vorjahr -1		Vorjahr		Geschäftsjahr	
	Umsatz (Mio. EUR)	Umsatz (Mio. EUR)	Entwicklung (%)	Umsatz (Mio. EUR)	Entwicklung (%)	Umsatz (Mio. EUR)	Entwicklung (%)
Monique	6,2	7,5		8,6		9,5	
Madeleine	10,9	9,8		8,5		6,9	
Chantal	1,3	1,5		1,8		2,4	
Elena	7,8	7,9		8,0		8,0	

2. *Skizzieren Sie für jede Handtasche einen Produktlebenszyklus mit Phaseneinteilung (siehe dazu Abschnitt D, S. 47) und tragen Sie die gegenwärtige Position der einzelnen Taschen ein:*

Lebenszyklus: Handtasche Monique	Lebenszyklus: Handtasche Madeleine

Lebenszyklus: Handtasche Chantal	Lebenszyklus: Handtasche Elena

3. *Welchen Umsatz erwarten Sie für die einzelnen Taschen im Folgejahr? (Begründete Schätzung)*

a) Monique: ____________________

b) Madeleine: ____________________

c) Chantal: ____________________

d) Elena: ____________________

4. *Leiten Sie Schlussfolgerungen für den Marketingmix der einzelnen Taschen ab, indem Sie für jede Tasche einen Beispielvorschlag für jedes Marketinginstrument eintragen:*

	Monique
Marketinginstrument	Vorschlag für eine Maßnahme
Produkt-/Programm-politik	
Preispolitik	
Distributionspolitik	
Kommunikations-politik	

	Madeleine
Marketinginstrument	Vorschlag für eine Maßnahme
Produkt-/Programm-politik	
Preispolitik	
Distributionspolitik	
Kommunikations-politik	

	Chantal
Marketinginstrument	Vorschlag für eine Maßnahme
Produkt-/Programm-politik	
Preispolitik	
Distributionspolitik	
Kommunikations-politik	

	Elena
Marketinginstrument	Vorschlag für eine Maßnahme
Produkt-/Programm-politik	
Preispolitik	
Distributionspolitik	
Kommunikations-politik	

Analysieren des Produktportfolios (Portfolioanalyse)

Für den geplanten Strategieworkshop an der Ostsee soll das Marketingcontrolling eine Portfolioanalyse erstellen, mit deren Hilfe die Ist-Situation des Unternehmens und seiner Aktivitäten auf verschiedenen Märkten anschaulich dargestellt werden soll.

Arbeitsaufträge:

Bearbeiten Sie folgende Aufgaben mithilfe des nachfolgenden Infotextes zur Portfolioanalyse (S. 92 f.).

1. *Folgende Zahlen liegen dem Controlling vor. Berechnen Sie alle fehlenden Größen der Tabelle.*

	Umsatz Geschäftsjahr (Mio. EUR)	Umsatz-anteil[1] (%)	Umsatz des stärksten Wett-bewerbers (Mio. EUR)	relativer Marktanteil (dezimal)	Marktvolumen Geschäftsjahr (Mio. EUR)	erwartetes Marktvolumen Folgejahr (Mio. EUR)	Markt-wachstum (%)
business	14,9		25		240	255	
traveller	28,8		24		195	210	
female	33,8		26		290	335	
outdoor	4,8		40		255	265	
young-line	2,9		9		45	55	

2. *Zeichnen Sie die Geschäftsfelder (hier: Produktgruppen) in das Portfolioschema ein. Beachten Sie dazu die Hinweise zur Darstellung einer Portfolioanalyse im nachfolgenden Infotext.*

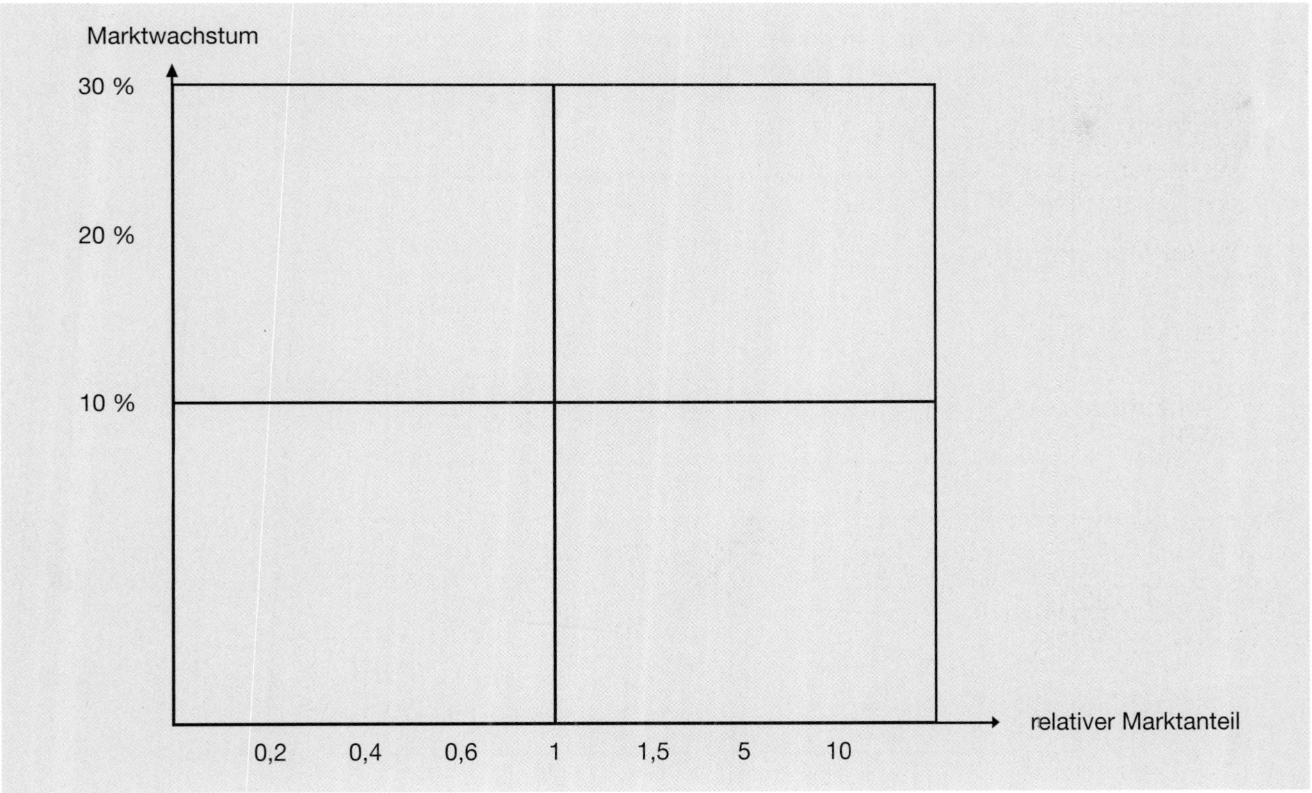

3. *Interpretieren Sie Ihr Ergebnis.*

4. *Leiten Sie mithilfe des Infotextes Normstrategien für die einzelnen Produktgruppen der Careli GmbH ab und diskutieren Sie diese kritisch.*

[1] am eigenen Gesamtumsatz

Infotext: Portfolioanalyse

Das Ausgangsproblem

Jedes Unternehmen finanziert sich im Normalfall durch die Umsätze, die es mit seinen Produkten bzw. Produktgruppen in den verschiedenen Märkten erwirtschaftet. In einer globalisierten Weltwirtschaft sind aber alle Märkte ständig in Bewegung und die eigene Marktposition gegenüber den Wettbewerbern kann sich für jedes einzelne Produkt rasch ändern: Das Unternehmen kann somit überraschend in Gefahr geraten. So können etwa Märkte unerwartet schrumpfen oder neue Wettbewerber gleichartige Produkte zu niedrigeren Preisen anbieten. Um die Entwicklung der Märkte und der Wettbewerbssituation genau im Blick zu behalten, ist es erforderlich, regelmäßig umfangreiches Datenmaterial zu analysieren und auszuwerten. Doch bei der Fülle der Daten kann leicht die Übersicht sowie der Blick für das Wesentliche verloren gehen.

Marktanteil-Marktwachstum-Portfolioanalyse

Aus diesem Grunde wurde von der Unternehmensberatung „Boston Consulting Group“ die Portfolioanalyse entwickelt, welche strategische Informationen zu den einzelnen Produkten bzw. Produktgruppen („strategische Geschäftsfelder“) zusammenfasst und Chancen und Risiken in grafischer Form anschaulich darstellt (siehe Grafik). Der Begriff „Portfolio“ stammt aus der amerikanischen Finanzwirtschaft und stand ursprünglich für eine langfristig ausgewogene Zusammenstellung von Wertpapieren des Anlegers mit Blick auf Gewinn und Risiko. Für das Marketing wird dieser Grundgedanke auf die Ausgewogenheit des Produktprogramms (Sortiments) übertragen. Gesucht ist dabei ein gesundes Mischverhältnis aus traditionellen Geschäftsfeldern, die das Unternehmen mit Geld versorgen, und zukunftsweisenden Geschäftsfeldern, in die investiert werden sollte.

Die Portfolioanalyse fußt auf der Hypothese, dass die betrieblichen Kosten und damit der Erfolg eines Geschäftsfelds von dessen Marktanteil und dem Marktwachstum abhängig sind. So konnte nachgewiesen werden, dass die durchschnittlichen Stückkosten abnehmen, wenn Marktanteil und Marktwachstum zunehmen. Die Portfolioanalyse ordnet daher alle strategischen Geschäftsfelder in eine 4-Feld-Matrix mit den Koordinatenachsen „Marktwachstum“ und „relativer Marktanteil“ ein. „Relativer Marktanteil“ steht dabei für das Verhältnis des eigenen Marktanteils zum Marktanteil des stärksten Mitbewerbers[1]. Das Unternehmen kann nun seine strategischen Geschäftsfelder folgenden vier Feldern zuordnen:

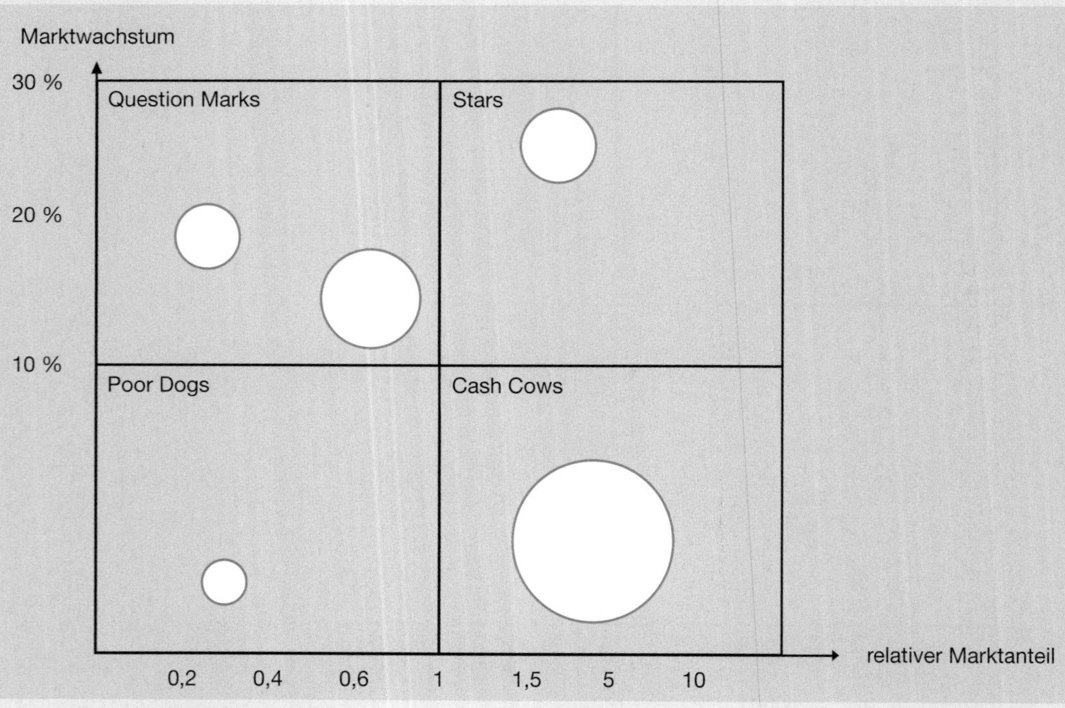

Portfolioanalyse der Boston Consulting Group

[1] Alternativ kann auch der Marktanteil der drei stärksten Mitbewerber herangezogen werden.

Hinweise zur Darstellung einer Portfolioanalyse

- Der Maßstab einer Portfolio-Matrix ist aus Gründen der Anschaulichkeit nicht linear, sondern logarithmisch gewählt, um die wichtigsten Aussagen grafisch deutlich hervorzuheben.
- Der relative Marktanteil wird dezimal angegeben. Ein relativer Marktanteil eines strategischen Geschäftsfeldes von 0,5 bedeutet, dass der Umsatz dieses Geschäftsfeldes halb so groß ist wie der des stärksten Wettbewerbers. Das Modell arbeitet mit dem *relativen* Marktanteil, denn dieser ist einerseits leichter zu ermitteln und andererseits aussagefähiger als der *absolute* Marktanteil, da in vielen Märkten mit zahlreichen Anbietern auch kleine absolute Marktanteile eine starke Marktposition bedeuten können.
- Der Umsatzanteil eines Geschäftsfelds am Unternehmensumsatz wird durch die Größe der Kreise repräsentiert.

Die vier Felder der Portfolioanalyse und Normstrategien

Im „Normalfall" durchlaufen die einzelnen Produktgruppen im Laufe ihres Produktlebenszyklus die vier Felder der Portfolioanalyse in folgender Reihenfolge:

- **Fragezeichen (Question Marks)**: Nachwuchsprodukte mit geringem Marktanteil in rasch wachsenden Märkten. Diese Produkte zeichnen sich durch einen hohen Finanzmittelbedarf aus. ***Normstrategie:*** Bei aussichtsreicher Marktsituation den Marktanteil rasch steigern („Investitionsstrategie"), bei aussichtsloser Marktsituation den Marktanteil senken oder die Produkte bzw. Produktgruppen eliminieren bzw. an andere Anbieter verkaufen („Desinvestitionsstrategie").
- **Sterne (Stars)**: Erfolgreiche Produkte in weiterhin wachsenden Märkten, die ihren Finanzmittelbedarf bereits selbst erwirtschaften. ***Normstrategie:*** Marktanteil erhalten bzw. leicht erhöhen („Investitionsstrategie").
- **Melkkühe (Cash Cows)**: Erfolgreiche Produkte mit starker Marktstellung und Finanzmittelüberschuss („Zahlmeister des Unternehmens") in stagnierenden oder sogar schrumpfenden Märkten. ***Normstrategie:*** Den Marktanteil halten, ggf. leicht senken, um hinreichend Geldmittel abschöpfen zu können („Abschöpfungsstrategie").
- **Arme Hunde (Poor Dogs)**: Produkte mit schwacher Marktstellung in stagnierenden oder schrumpfenden Märkten. ***Normstrategie:*** Den Marktanteil stark senken, die Produkte bzw. Produktgruppen eliminieren oder an andere Anbieter verkaufen („Desinvestitionsstrategie").

Die Normstrategien sind sehr allgemeiner Natur und im Einzelfall auf Plausibilität zu prüfen.

2 Marketingcontrolling kompakt

Funktion des Marketingcontrollings

Im dynamischen Wettbewerb auf dem Weltmarkt muss jedes Unternehmen kontinuierlich die Übersicht darüber behalten, wie erfolgreich das Marketing arbeitet und welche Schlussfolgerungen für die Zukunft abgeleitet werden sollen. Je nach Unternehmen hat das Marketingcontrolling dabei unterschiedliche Aufgaben- und Kompetenzbereiche, welche sich im Kern folgendermaßen zusammenfassen lassen:

- Planung von Marketingzielen (Beratungsfunktion)
- Analyse des betrieblichen Erfolgs (z. B. Erfassen der Entwicklung von Kosten und Leistungen)
- Aufbereitung der Daten (z. B. Errechnen von Kennzahlen, Erstellen von Diagrammen).

Dabei unterscheidet man das kurzfristige (operative) und das langfristige (strategische) Marketingcontrolling:

Operatives Marketingcontrolling

Operatives Marketingcontrolling ist die kurzfristige, alltägliche Planung, Kontrolle sowie Steuerung der Marketingarbeit mit dem Ziel, Abweichungen vom gewünschten Kurs aufzudecken und entsprechende Korrekturmaßnahmen einzuleiten. Dabei spielen Kennzahlen eine Schlüsselrolle: Mithilfe von Kennzahlen ist es möglich, komplexe Zusammenhänge zusammenzufassen und mit anderen Perioden oder anderen Unternehmen zu vergleichen. Kennzahlen können sowohl absolute Zahlen (z. B. Umsatz, Gewinn, Deckungsbeitrag) als auch Verhältniszahlen (z. B. Umsatz je Mitarbeiter, Werberendite) sein. Man unterscheidet:

- **Planung**: Das Marketingcontrolling plant sogenannte „Soll-Größen", wie z. B. einen
  - Soll-Umsatz,
  - Soll-Deckungsbeitrag,
  - Soll-Gewinn.

- **Kontrolle**: Im Laufe der Zeit werden sogenannte „Soll-Ist-Vergleiche" vorgenommen, d. h. das Marketingcontrolling vergleicht die tatsächlichen Werte („Ist-Größen") mit den ursprünglich geplanten Sollwerten und analysiert mögliche Abweichungen.

- **Steuerung**: Das Marketingcontrolling regt in Abstimmung mit den betreffenden Verantwortlichen Korrekturmaßnahmen an, wie z. B. Maßnahmen zur Senkung von Kosten, Anpassung von Verkaufspreisen usw.

Strategisches Marketingcontrolling

Strategisches Marketingcontrolling beschäftigt sich hingegen mit der langfristigen Existenzsicherung des Unternehmens und seiner Position am Markt. Dazu gehören in erster Linie

- **strategische Analysen** zur transparenten Darstellung komplexer Sachverhalte, wie z. B.
  - die Portfolioanalyse oder
  - die Lebenszyklusanalyse;

- **Empfehlungen zur Formulierung von Marketingzielen**, wie z. B.
  - Marktanteilsziele oder
  - Imageziele.

Die periodische Überprüfung des strategischen Marketings durch das Controlling im Rahmen des strategischen Marketingcontrollings wird als „**Marketing-Audit**"[1] bezeichnet. Es unterstützt die rechtzeitige Anpassung der Ziele, Strategien und Organisationsstrukturen an veränderte Umweltbedingungen.

---

[1] Audit ist auf den lateinischen Begriff „audire" (hören, erfahren) zurückzuführen und bedeutet in diesem Zusammenhang „Anhörung".

3 Vertiefungsaufgaben

1. *Dem Marketingcontrolling des Sportartikelherstellers Fischer liegen verschiedene Ergebnisse der Marktforschung zu einzelnen Produktgruppen vor (Umsatzangaben einschließlich Handelsmarge). Ermitteln Sie die gesuchten Größen mithilfe des Glossars:*

a) Produktgruppe I: Umsatz Fischer: 20 Mio. EUR, Marktanteil Fischer: 12 %, das Marktpotenzial ist zu 80 % ausgeschöpft. Ermitteln Sie Marktvolumen und Marktpotenzial für diesen Markt.

b) Produktgruppe II: Umsatz Fischer: 25 Mio. EUR, Gesamtumsatz der übrigen Wettbewerber: 175 Mio. EUR, Marktpotenzial: 230 Mio. EUR. Wie groß ist der Marktanteil von Fischer und wie viel Prozent Marktwachstum sind auf diesem Markt noch möglich?

c) Produktgruppe III: Marktpotenzial 180 Mio. EUR, ein Drittel des Marktpotenzials ist noch nicht ausgeschöpft, Umsatz Fischer: 8,4 Mio. EUR. Wie groß ist das Marktvolumen und welchen Marktanteil hat Sport Fischer?

2. *Berechnen Sie Soll-Ist-Abweichungen vorliegender Quartalsumsätze einer Kaufhauskette und ziehen Sie Schlussfolgerungen hinsichtlich der bisherigen Wetterlage.*

Produktgruppe	Soll-Umsatz (EUR)	Ist-Umsatz (EUR)	Soll-Ist-Abweichung (%)
I Sonnenmilch	635.443,00	593.266,00	
II T-Shirts	822.940,00	687.190,00	
III Regenjacken	1.233.812,00	1.425.950,00	

3. *Begründen Sie, warum Controller häufig prozentuale Größen (z. B. 44 % Deckungsbeitrag) absoluten Größen (z. B. 600.000,00 EUR DB) vorziehen.*

4. *Die Technon AG vertreibt seit Jahren insgesamt vier Produktgruppen auf dem europäischen Markt: DVD-Player, Beamer, Videorecorder und TV-Geräte. Die jüngste Produktgruppe des Hauses sind Beamer, deren Entwicklung und Herstellung erhebliche Kosten verursacht haben.*

Die erwarteten Gesamtkosten des Unternehmens im Geschäftsjahr belaufen sich auf 521 Mio. EUR. Vor diesem Hintergrund hat der Vorstand beschlossen, keine weiteren aufwendigen Entwicklungen neuer oder bisheriger Produkte zu genehmigen. Dem Marketing steht ein Jahresbudget von 2 Mio. EUR für sämtliche Marketingaktivitäten zur Verfügung.

Folgende Informationen liegen dem Marketing vor:

- *Videorecorder: Umsatz Geschäftsjahr: 19 Mio. EUR, Marktführer: Sound mit 120 Mio EUR, Marktvolumen Geschäftsjahr: 224 Mio. EUR, prognostiziertes Marktvolumen für das Folgejahr: 240 Mio. EUR.*
- *TV-Geräte: Umsatz Geschäftsjahr: 380 Mio. EUR, stärkster Wettbewerber: Teles mit 211 Mio. EUR, Marktvolumen Geschäftsjahr: 800 Mio. EUR, prognostiziertes Marktvolumen für das Folgejahr: 840 Mio. EUR.*
- *DVD-Player: Umsatz Geschäftsjahr: 40 Mio. EUR, stärkster Wettbewerber: X-tron mit 25 Mio. EUR, Marktvolumen Geschäftsjahr: 160 Mio. EUR, prognostiziertes Marktvolumen für das Folgejahr: 190 Mio. EUR.*
- *Beamer: Umsatz Geschäftsjahr: 136 Mio. EUR, Marktführer: Sound mit 230 Mio. EUR, Marktvolumen Geschäftsjahr: 400 Mio. EUR, prognostiziertes Marktvolumen für das Folgejahr: 480 Mio. EUR.*

a) Ermitteln Sie den erwarteten Gewinn des Geschäftsjahres.
b) Erstellen Sie eine Marktanteils-Marktwachstums-Portfolioanalyse.
c) Leiten Sie Normstrategien für die Technon AG ab.

5. *In der Praxis unterscheidet man Soll- und Ist-Portfolioanalysen. Diskutieren Sie den Sinn dieser Unterscheidung.*

I Glossar

Absatz, abverkaufte Stückzahl eines Produkts in einer Periode (Tag, Monat, Jahr).

Absatzkanal, ⇒Absatzweg.

Absatzorgane, Personen bzw. Organisationen, die das Produkt vom Hersteller bis zum Endverbraucher übermitteln.

Absatzweg, *Absatzkanal*, Personen bzw. Organisationen, über die das Produkt vom Hersteller bis zum Endverbraucher gelangt. Man unterscheidet ⇒direkten Absatz und ⇒indirekten Absatz.

Abschlussprovision, ⇒*Provision*.

Abschöpfungspreisstrategie, ⇒Skimmingstrategie.

AGB, *allgemeine Geschäftsbedingungen*, vorformulierte, allgemeingültige Vertragsbedingungen (⇒Konditionen), die ein Unternehmen allen Kaufverträgen zugrunde legt.

Akquisition, (*lat.: Anschaffung*), Kundenanwerbung

antizyklische Werbung, verstärkter Werbeaufwand bei geringem Unternehmensumsatz. Gegenteil: ⇒zyklische Werbung

B2B, „Business-to-Business“, Handelsbeziehung unter Kaufleuten, vor allem im ⇒E-Commerce.

B2C, „Business-to-Consumer“, Handelsbeziehung zwischen Kaufmann und Endverbraucher, vor allem im ⇒ E-Commerce.

Break-even-Point, *Gewinnschwelle*, Absatzmenge eines Produkts, bei der die Summe der Produkterlöse identisch mit der Summe der Produktkosten ist. In diesem Punkt decken die ⇒Deckungsbeiträge exakt die ⇒fixen Kosten.

CI, ⇒Coroporate Identity.

Corporate Identity, *CI*, Unternehmensstrategie, die ein einheitliches Erscheinungsbild des Unternehmens nach innen und außen verfolgt, etwa durch ein einheitliches Design (Corporate Design) oder einheitliche Verhaltensregeln (Corporate Behavior).

CRM, ⇒Customer-Relationship-Management.

Customer-Relationship-Management (CRM), *Kundenbeziehungsmanagement*, Sammelbegriff aller strategischen Maßnahmen zur systematischen Bindung der Kunden an das Unternehmen.

Deckungsbeitrag, Differenz aus Erlösen und variablen Kosten eines Produkts, ausgedrückt in EUR oder in Prozent vom Erlös. Man unterscheidet den Stückdeckungsbeitrag (db) und den Gesamtdeckungsbeitrag (DB).

Delkredereprovision, ⇒Provision eines ⇒Handelsvertreters, welcher das Risiko des Zahlungseingangs übernimmt.

direkter Absatz, Verkauf der Produkte durch ausschließlich unternehmenseigene Mitarbeiter oder Organisationen. Gegenteil: ⇒indirekter Absatz.

Direktmarketing, Verkauf ohne die Einschaltung von Außendienstmitarbeitern oder des Handels. Dazu nimmt das Marketing direkt Kontakt mit dem Kunden über Telefon, Internet oder per Zusendung von Infobriefen, Prospekten oder Katalogen auf.

Display, auffällige Form der Warenpräsentation im Handel, das i. d. R. vom Hersteller bereitgestellt wird, z. B. farblich auf das Produkt abgestimmte Pappbehälter.

Distributionspolitik, alle Entscheidungen und Maßnahmen, die den Weg des Produkts vom Hersteller bis zum Endverbraucher betreffen, d. h. die Wahl der ⇒Absatzwege und die Gestaltung der ⇒Marketinglogistik.

Diversifikation, Aufnahme neuartiger Produkte für neue Märkte in das Programm/Sortiment.

E-Commerce, elektronischer Handel, der über das Internet abgewickelt wird. Dazu richtet der Anbieter einen ⇒Webshop ein.

Einzelhandel, ⇒Handelsbetrieb, der beim ⇒Großhandel einkauft und an den Endverbraucher verkauft. Einzelhandelsketten kaufen über eigene Einkaufszentralen ein.

Eliminierung, Aussonderung eines Produkts aus dem ⇒Programm bzw. ⇒Sortiment.

Factory-Outlet-Center („*FOC*“), Fabrikverkauf ermäßigter Markenprodukte in herstellereigenen Einkaufszentren. Zu diesem Zweck schließen sich mehrere Markenhersteller zusammen und verkaufen direkt an die Endverbraucher.

fixe Kosten, „*feste Kosten*“, Kosten, deren Höhe von der Ausbringungsmenge unabhängig ist.

Fixum, fester, umsatzunabhängiger Vergütungsanteil bei ⇒Reisenden.

Franchising, indirekter Absatzweg, bei dem der Franchisenehmer mit einem Franchisegeber einen Lizenzvertrag abschließt, sodass der Franchisenehmer bestimmte Leistungen (z. B. Werbung, Produkte, Produktionsverfahren) des Franchisegebers nutzen darf.

Gemeinschaftswerbung, kollektive Werbung, bei der die einzelnen werbenden Betriebe anonym bleiben.

Großhandel, ⇒Handelsbetrieb, der Waren in großen Mengen beim Hersteller kauft, um diese in den verschiedenen Regionen an den ⇒Einzelhandel zu verkaufen.

Handelsbetriebe, Überbegriff für ⇒Groß- und ⇒Einzelhandelsbetriebe.

Handelsmakler, ein nach HGB selbstständiger Gewerbetreibender, der von Fall zu Fall die Vermittlung von Verträgen übernimmt. Er arbeitet in fremdem Namen und für fremde Rechnung und erhält dafür eine Courtage.

Handelsvertreter, ein nach HGB selbstständiger Gewerbetreibender, der ständig für ein oder mehrere Unternehmen Geschäfte vermittelt oder abschließt. Er arbeitet in fremdem Namen und für fremde Rechnung und erhält dafür eine ⇒Provision.

Handlungsreisender, ⇒Reisender.

Image, intuitives Bild, das sich der Konsument von einem Unternehmen oder von Produkten macht. Es entsteht aus der Summe von Einstellungen und Eindrücken.

indirekter Absatz, Verkauf der Produkte über rechtlich selbstständige Personen oder Organisationen, vor allem Handelsbetriebe. Gegenteil: ⇒direkter Absatz.

Istwert, ⇒Soll-Ist-Vergleich.

Just-in-time-Lieferung, das Unternehmen lässt sich lediglich die für die Weiterverarbeitung bzw. den Weiterverkauf erforderliche Menge zum spätest möglichen Zeitpunkt liefern und verzichtet damit auf eine Vorratslagerhaltung.

Käufermarkt, Markt, in dem das Angebot größer ist als die Nachfrage. Gegenteil: ⇒Verkäufermarkt.

Kommissionär, selbstständiger Kaufmann, der seine Geschäfte im eigenen Namen, aber für fremde Rechnung tätigt, d. h., er wird nicht Eigentümer der Ware und kann unverkaufte Ware dem Hersteller (Kommittent) zurückgeben.

Kommunikationspolitik, alle Entscheidungen und Maßnahmen rund um die Ansprache der Kunden, vor allem in Form von ⇒Werbung.

Konditionen (*lat.: Bedingungen*), Vertragsbedingungen des Lieferanten, vor allem zu Lieferung und Zahlung, üblicherweise in den ⇒AGB enthalten.

Kreativitätstechniken, systematische Techniken zur Optimierung der Kreativität eines Teams zur Produktentwicklung oder Namensfindung. Beispiele: Brainstorming, Mind-Mapping, 6-3-5-Methode usw.

Lizenz (*lat.: Genehmigung*), die Befugnis, das Recht eines anderen gegen eine Lizenzgebühr gewerblich zu verwerten.

Logistik, ⇒Marketinglogistik.

Marke, ein in der Psyche des Konsumenten verankertes unverwechselbares Vorstellungsbild von einem Produkt, i. e. S.: Zeichen zur Unterscheidung von Waren und Dienstleistungen.

Markenpositionierung, ⇒Positionierung.

Marketing (*engl.: auf den Markt bringen*), Ausrichtung von Unternehmen und anderen Organisationen auf Kunden und Märkte durch die Teilbereiche ⇒strategisches Marketing, ⇒operatives Marketing, ⇒Marktforschung, ⇒Marketingcontrolling.

Marketingcontrolling, systematische Prüfung und Beurteilung der ⇒Marketingziele und ⇒Marketingstrategien (strategisches M.) sowie der eingesetzten ⇒Marketinginstrumente zur Erreichung dieser Ziele (operatives M.). Im Mittelpunkt steht dabei der Vergleich von Soll- und Istwerten.

Marketinginstrumente, alle Entscheidungen und Maßnahmen aus ⇒Produkt-, ⇒Preis-, ⇒Distributions- und ⇒Kommunikationspolitik.

Marketinglogistik, Teilbereich der Distributionspolitik, der die „physische Distribution“ (Lagerung und Transport der Fertigware zum Kunden) zum Gegenstand hat.

Marketingmix, strategisch abgestimmte Kombination der ⇒Marketinginstrumente.

Marketingstrategie, langfristig geplanter Weg zur Erreichung von Marketingzielen, den das ⇒operative Marketing zu gehen hat.

Marketingziele, Ziele, die der Marketingabteilung zu Beginn einer Periode vorgegeben werden, z. B. Umsatz-, Gewinn-, Marktanteils-, Imageziele.

Markierung, Gestalten und Zuordnen von unverwechselbaren Zeichen (z. B. Wort-, Bild-, Zahlenzeichen) zu einem Produkt, um dieses zu einer ⇒Marke zu machen.

Markt, *1. im Marketing*: Summe aus tatsächlichen und potenziellen Nachfragern nach einem Produkt oder einer Produktgruppe. Dabei unterscheidet man Konsumgütermärkte, bei denen die Endverbraucher als Nachfrager auftreten, und Investitionsgütermärkte, bei denen Unternehmen als Nachfrager auftreten. 2. *in der Volkswirtschaft:* Zusammentreffen von Angebot und Nachfrage. Siehe auch: ⇒Marktabgrenzung.

Marktabgrenzung, abhängig vom Untersuchungszusammenhang wird stets neu entschieden, wie weit ein ⇒Markt abgegrenzt werden soll. Beispiel: Markt für Kraftfahrzeuge, Markt für PKW, Markt für Cabrios usw.

Marktanalyse, Erforschung eines Marktes zu einem Zeitpunkt.

Marktanteil, prozentualer Anteil am ⇒Marktvolumen, der auf das betrachtete Unternehmen entfällt. Der Marktanteil drückt aus, welches Stück vom Kuchen ein Unternehmen im Vergleich zum gesamten Wettbewerb hat.

Marktbeobachtung, Erforschung eines Marktes über einen längeren Zeitraum.

Marktforschung, systematische Erforschung der Kundenwünsche und der Marktsituation.

Marktpotenzial, der insgesamt maximal mögliche Umsatz (ggf. Absatz), der mit einem Produkt in einer Periode auf einem Markt erwirtschaftet werden könnte. Es stellt damit die theoretische Obergrenze des ⇒Marktvolumens dar.

Marktprognose, Vorhersage zukünftiger Marktentwicklungen auf Grundlage der ⇒Marktanalyse und der ⇒Marktbeobachtung.

Marktsegment, Teilmarkt eines Gesamtmarktes mit Kunden ähnlicher oder gleichartiger Anforderungen an ein Produkt. Der Begriff setzt voraus, dass zuvor ein ⇒Markt abgegrenzt wurde, denn abhängig von der Perspektive kann eine bestimmte Kundengruppe als Markt oder Marktsegment definiert werden.

Marktsegmentierung, Zerlegen eines heterogenen Gesamtmarktes in homogene Teilmärkte mit der Absicht, sich auf diese zu spezialisieren.

Marktvolumen, der mit den Endverbrauchern tatsächlich erwirtschaftete Gesamtumsatz (bzw. -absatz) aller Anbieter eines Produktes auf einem Markt.

Mediaplan, *Werbeträgerplan*, kalendermäßige Planung der Schaltung von ⇒Werbung in den einzelnen, zielgruppenspezifischen ⇒Werbeträgern. Der Mediaplan ist ein Teilplan des ⇒Werbeplans.

Nachfragekurve, Preisabsatzfunktion, Kurve, die die Abhängigkeit der Nachfrage vom Preis eines Gutes darstellt.

Niederlassung, ⇒Verkaufsniederlassung.

Öffentlichkeitsarbeit, ⇒Public Relations.

operatives Marketing, Tagesgeschäft des Marketings, alltäglicher konkreter Einsatz der ⇒Marketinginstrumente zur Umsetzung der Marketingstrategien.

Patent, ein durch das Patentamt verliehenes ausschließliches Recht zur Benutzung und gewerblichen Verwertung einer Erfindung.

Penetrationspreisstrategie, Preiseinführungsstrategie, bei der ein Preis zunächst gering angesetzt und später angehoben wird.

Portfolioanalyse, Instrument des strategischen ⇒Marketingcontrollings, um Chancen und Risiken der verschiedenen Marktaktivitäten (Produkte, Produktgruppen) eines Unternehmens auf unterschiedlichen Märkten übersichtlich darzustellen.

Positionierung, Strategie der Verankerung eines einzigartigen Verkaufsvorteils (⇒USP) eines Produkts bzw. Anbieters gegenüber der Konkurrenz in der Gedankenwelt der Kunden.

Preisabsatzfunktion, ⇒Nachfragekurve.

Preisbindung, *vertikale, auch: „Preisbindung der zweiten Hand“*, vertragliche Verpflichtung des Handels, beim Wiederverkauf einen bestimmten Preis einzuhalten. Die Preisbindung ist in Deutschland nur noch bei Verlagserzeugnissen gesetzlich erlaubt.

Preisdifferenzierung, Strategie der künstlichen Unterscheidung von Preisen. Arten: räumliche, zeitliche, kundenspezifische Preisdifferenzierung.

Preiselastizität, das Verhältnis der prozentualen Nachfragemengenänderung zur prozentualen Preisänderung eines Gutes. Sie gibt an, in welchem Maße der Umsatz auf eine Preisveränderung reagiert. Der Begriff wird oft mit der ⇒Preisempfindlichkeit gleichgesetzt.

Preisempfindlichkeit, Verhältnis der absoluten Nachfrageänderung zur absoluten Preisänderung. Sie gibt an, in welchem Maße der Absatz auf eine Preisveränderung eines Gutes reagiert.

Preispolitik, alle Entscheidungen und Maßnahmen rund um die Preisgestaltung.

Premiumpreisstrategie, langfristig angelegte Hochpreisstrategie.

Primärforschung, selbstständige Erhebung der erforderlichen Marktforschungsinformationen vor Ort durch das Unternehmen.

Productplacement, gezieltes sichtbares Platzieren eines Markenprodukts in einem (Spiel-)Film.

Produktdifferenzierung, ein Produkt wird in mehreren Varianten gleichzeitig angeboten, um den Bedürfnissen verschiedener Zielgruppen besser gerecht zu werden.

Produkteliminierung, Aussondern eines Produkts aus dem ⇒Programm oder ⇒Sortiment.

Produktgruppe, Produktlinie, Gruppe verwandter bzw. zusammengehöriger Produkte hinsichtlich Verwendungszweck oder Produktionsverfahren eines Industriebetriebs. Handelsbegriff: Warengruppe.

Produktinnovation, Produkt, welches durch ein Unternehmen neu entwickelt und vermarktet wird. Sofern andere Hersteller dieses Produkt bereits anbieten, spricht man von „Me-too-Innovation“ (Nachahmungsprodukt).

Produktlebenszyklus, Umsatzentwicklung eines Produkts (oder einer Produktgruppe) im Zeitablauf, welcher in Phasen (Einführungs-, Wachstums-, Reife-, Sättigungs- und Degenerationsphase) unterteilt wird.

Produktlinie, ⇒Produktgruppe.

Produktpolitik, alle Entscheidungen und Maßnahmen rund um die Produktgestaltung.

Produktpositionierung, ⇒Positionierung.

Produktvariation, Relaunch, Abänderung eines am Markt befindlichen Produktes. Die Anzahl der Produkte des ⇒Programms bleibt unverändert.

Programm, Gesamtheit der Artikel, die ein Industrieunternehmen anbietet.

Promotionspreisstrategie, langfristig angelegte Niedrigpreisstrategie.

Provision, umsatzabhängige Vergütung geleisteter Dienste, üblich bei ⇒Reisenden und ⇒Handelsvertretern.

Public Relations *(PR), Öffentlichkeitsarbeit*, Teilbereich der ⇒Kommunikationspolitik, der für den Aufbau und die Pflege eines positiven Unternehmensimages in der Öffentlichkeit zuständig ist.

Rack-Jobber, Hersteller oder Großhändler, denen in Handelsbetrieben Verkaufsraum oder Regalflächen zur Verfügung gestellt werden, um dort auf eigene Rechnung Waren anzubieten.

Reisender, abhängig beschäftigter Außendienstmitarbeiter, welcher Kunden besucht, berät und Verkaufsgespräche vor Ort führt.

Relaunch, ⇒Produktvariation.

Salespromotion, ⇒Verkaufsförderung.

Sammelwerbung, kollektive Werbung, bei der die werbenden Betriebe genannt werden.

Segmentierung, ⇒Marktsegmentierung.

Sekundärforschung, *Desk Research*, Teilbereich der Marktforschung, der auf bereits erhobene Daten zurückgreift.

Skimmingstrategie, *Abschöpfungsstrategie*, Preiseinführungsstrategie, bei der ein Preis zuerst sehr hoch angesetzt und dann langsam gesenkt wird.

Soll-Ist-Vergleich, Vergleich der tatsächlich vorliegenden Istwerte mit den ursprünglich geplanten Sollwerten, Aufgabengebiet des ⇒Marketingcontrollings.

Sollwert, ⇒Soll-Ist-Vergleich.

Sortiment, Gesamtheit der Artikel, die ein Handelsbetrieb anbietet.

Sponsoring, systematische Förderung von Personen, Organisationen und Veranstaltungen mit Geld- oder Sachmitteln durch einen „Sponsor“ zur Erreichung von Marketingzielen.

strategisches Marketing, Formulieren von Marketingzielen sowie die Entwicklung von langfristig geplanten Wegen (⇒Marketingstrategien) zu diesen Zielen. Das strategische Marketing entwickelt damit die Vorgaben für das ⇒operative Marketing.

Streukreis, in einem Werbeplan definierte ⇒Zielgruppe, die umworben werden soll.

Streuplan, ⇒Mediaplan.

Streuweg, Festlegung der ⇒Werbeträger und ⇒Werbemittel.

Streuzeit, im ⇒Mediaplan festgelegte Zeiten der Schaltung von Werbung in den einzelnen ⇒Werbeträgern.

Teilkostenrechnung, Kostenrechnung, die vor allem die ⇒variablen Kosten berücksichtigt.

Umsatz, *Erlös*, Produktabsatz mal Produktpreis.

Umsatzanteil, Anteil eines Produkts oder einer Produktgruppe am Gesamtumsatz des Unternehmens.

unlauterer Wettbewerb, unfaire Marketingmaßnahmen, die gegen das Gesetz gegen den unlauteren Wettbewerb (UWG) verstoßen.

unverbindliche Preisempfehlung, (*UVP*), öffentlich kommunizierte Empfehlung des Herstellers, einen bestimmten Preis vom Endverbraucher zu verlangen. Der Hersteller versucht dadurch, Einfluss auf die Preisgestaltung des Handels zu nehmen.

USP, („unique selling proposition“), einzigartiger Verkaufsvorteil des eigenen Produkts gegenüber den Wettbewerbsprodukten.

variable Kosten, *„veränderliche Kosten“*, Kosten, deren Höhe von der Ausbringungsmenge abhängig ist.

Verkaufsförderung, Teilbereich der ⇒Kommunikationspolitik, der unterstützende Maßnahmen für ⇒Absatzorgane sowie für Kunden vorsieht und damit stets mittel- oder unmittelbar am Verkauf ansetzt.

Verkäufermarkt, Markt, in dem die Nachfrage größer ist als das Angebot. Gegenteil: ⇒Käufermarkt.

Verkaufsniederlassung, unternehmenseigene Verkaufsstützpunkte für den Endverbraucher.

Vertriebsabteilung, dem ⇒Marketing untergeordnete betriebliche Abteilung, die für den Verkauf, die ⇒Akquisition sowie die Beratung der Kunden zuständig ist. Der Vertrieb beschäftigt Innen- und Außendienstmitarbeiter (⇒Reisende).

Vertriebsweg, ⇒Absatzweg.

Vollkostenrechnung, Kostenrechnung, die alle betrieblichen Kosten berücksichtigt.

Wachstumsstrategien, *auch Basisstrategien bzw. Marktfeldstrategien*, vier Produkt-Markt-Kombinationen, die ein Unternehmen abprüfen kann, um Wachstumschancen auszuloten. Kombiniert werden dabei alte und neue Produkte mit alten und neuen Märkten.

Warenzeichen, in die Zeichenrolle des Patentamtes eingetragenes Wort- oder Bildzeichen zur Unterscheidung von Waren.

Webshop, virtueller Einkaufsort im Internet.

Werbemittel, das eigentliche Werbeprodukt wie z. B. Werbeanzeige, TV-Spot, Radiospot, Plakat, Websitebanner, welches mithilfe des ⇒Werbeträgers übermittelt wird.

Werbeplan, systematische Planung der Werbung in folgenden Schritten: Analyse der Ausgangssituation und Zielgruppe, Werbebudget, Werbeziele, Werbebotschaft, Auswahl der Werbeträger (⇒Mediaplan).

Werberendite, Verhältnis von Umsatzzuwachs zu Werbekosten.

Werbeträger, Medium, mit dessen Hilfe das ⇒Werbemittel transportiert wird, wie z. B. Zeitungen, Zeitschriften, TV-Sender, Kino, Radiosender, Plakatwände/-säulen, Websites im Internet.

Werbung, bezahlter Einsatz von Massenmedien mit dem Ziel, Einfluss auf die Kaufentscheidung einer ⇒Zielgruppe zugunsten des werbenden Unternehmens auszuüben.

Zielgruppe, der Kreis der Adressaten, auf den eine Marketingmaßnahme abgestimmt ist.

Zuschlagskalkulation, Verfahren der ⇒Vollkostenrechnung zur Kalkulation des Verkaufspreises unter Einbeziehung aller Kosten zuzüglich eines Gewinnzuschlags.

zyklische Werbung, verstärkter Werbeaufwand bei hohem Unternehmensumsatz. Gegenteil: ⇒antizyklische Werbung.

J Anhang

Anhang 1: Präsentationstechniken

- Empfehlungen zur Vorbereitung
- Empfehlungen zur Durchführung

Anhang 2: Checkliste Marketingkonzept

- Analyse der Ausgangssituation
- Strategische Marketingplanung
- Marketingmix

Anhang 1: Präsentationstechniken

Empfehlungen zur Vorbereitung

Bevor eine Präsentation vorbereitet werden kann, sollten folgende Fragen sorgfältig beantwortet werden:

- Was genau ist das Ziel der Präsentation? Soll die Präsentation informieren, überzeugen oder die Zuhörer zu einem bestimmten Verhalten veranlassen?
- Auf welche Zielgruppe ist die Präsentation zugeschnitten? Wie sind Erwartungen, Wissensstand, Einstellungen, etwaige Vorbehalte sowie Gemeinsamkeiten und Unterschiede innerhalb der Zuhörerschaft einzuschätzen?
- Wie sollen Präsentationsthema, Aufbau und inhaltlicher Schwerpunkt der Präsentation aussehen?
- Wie viel Zeit steht für die Präsentation und die anschließende Beantwortung von Fragen zur Verfügung?

Gestaltung der Einleitung

Zur Gestaltung der Einleitung sollte man sich an den Fragen orientieren, die sich die Zuhörer zu Beginn einer Präsentation vermutlich stellen:

- Wer redet da und welche Rolle spielt er bzw. für wen arbeitet er?
- Worum wird es hauptsächlich gehen und lohnt sich das für mich?
- Wie wird die Präsentation aufgebaut sein und wann kommt welche Information?
- Wie ist es mit Fragen und Pausen, muss ich mitschreiben und wie lange dauert die Präsentation überhaupt?

Grundsätzlich sollte jede Einleitung Antwort auf diese Fragen geben können. Es hat sich daher folgender Einleitungsaufbau bewährt, welcher als Checkliste genutzt werden kann:

Checkliste Einleitung
☐ Begrüßung des Publikums
☐ Kurzvorstellung und Legitimation
☐ Thema mit Abgrenzung und Schwerpunktsetzung
☐ Hauptgliederungspunkte (visualisieren)
☐ organisatorische Hinweise
☐ Einstimmung auf das Thema

Die Schritte im Einzelnen:

- Eine Begrüßung sollte in jedem Fall allem vorangehen.
- Legitimation bedeutet in diesem Zusammenhang, dass der Redner begründet, warum gerade er in dieser Sache präsentiert.
- In der Abgrenzung wird erklärt, welche Inhalte ausdrücklich nicht Gegenstand dieser Präsentation sein werden, die Schwerpunktsetzung soll dagegen deutlich machen, worum es bei der Präsentation hauptsächlich geht.
- Die Hauptgliederungspunkte sollten unbedingt visualisiert werden, um dem Publikum die Orientierung zu erleichtern. Damit diese Punkte auch während der Präsentation sichtbar bleiben, bietet sich die Visualisierung auf einem separaten Flipchart an.
- Die organisatorischen Hinweise betreffen Informationen oder Vereinbarungen hinsichtlich Dauer der Präsentation, vorgesehener Pausen, möglicher Hand-outs im Anschluss und des Zeitpunkts für die Beantwortung von Fragen.
- In der Einstimmung auf das Thema soll das Interesse geweckt und die Aufmerksamkeit zum Thema gelenkt werden.

Gestaltung des Hauptteils

Die Gestaltung des Hauptteils lässt sich nicht verallgemeinern, da diese abhängig ist von

- der Zielsetzung der Präsentation,
- dem Umfang der Präsentation,
- dem Inhalt der Präsentation.

Grundsätzlich sollte jedoch jeder Hauptteil in wenige übersichtliche Hauptblöcke zerlegt werden, damit der rote Faden deutlich wird.

Gestaltung des Schlussteils

Der Schlussteil dient der Abrundung einer Präsentation. Er schließt sich an die eigentlichen Aussagen an und soll keine neuen Themen beinhalten. Auch hier lässt sich eine allgemeine Empfehlung als Checkliste formulieren:

Checkliste Schluss
□ Ankündigung des Schlussteils □ Zusammenfassung Hauptaussagen/Schlussfolgerungen/Appell □ Fragenteil □ Dank für Aufmerksamkeit und Verabschiedung

Die Schritte im Einzelnen:

- Die Ankündigung des Schlussteils macht dem Zuhörer deutlich, dass die eigentlichen Hauptaussagen nun vollständig vorgetragen sind.
- Eine Zusammenfassung der Hauptaussagen führt dem Zuhörer noch einmal die wichtigsten Aspekte vor Augen und fördert damit den Überblick.
- Etwaige Schlussfolgerungen, etwa zum Projektverlauf, stellen logische Folgerungen aus den Ausführungen im Hauptteil dar, etwa zu Folgeprojekten.
- Ein Appell ist der klassische Schluss einer Überzeugungspräsentation.
- Selbst wenn der Redner das Publikum gebeten hat, Fragen im Verlauf der Präsentation zu stellen, so sollte unabhängig davon dem Publikum im Anschluss an die Präsentation die Möglichkeit zur Beantwortung von Fragen eingeräumt werden.
- Eine freundliche Verabschiedung trägt zur harmonischen Abrundung der Präsentation bei und wird vom Publikum stets durch Klopfen oder Applaus gewürdigt.

Hilfsmittel

- **Uhr**: Grundsätzlich darf eine Präsentation niemals länger als angekündigt dauern. Aus diesem Grunde muss der Redner stets die Uhr im Blick behalten.
- **Karteikarten**: Ungeübte Redner greifen im Verlauf der Präsentation gern auf vollgeschriebene DIN-A4-Blätter zurück. Diese hindern ihn aber an einer ungezwungenen und natürlichen Ausdrucksweise und fesseln seinen Blick an das Manuskript. Das kann zu ungewollten Black-out-Situationen führen, etwa wenn die gesuchte Stelle im Text in der Eile nicht auffindbar ist. Aus diesem Grund sollten bei einer Präsentation lediglich nummerierte und ggf. farbige Karteikarten mit wenigen Stichworten bzw. Zusatzinformationen eingesetzt werden:

Hauptstichwort 1
    Unterstichwort 1
    Unterstichwort 2
Hauptstichwort 2
    Unterstichwort 1
    Unterstichwort 2

Beschriftung einer Karteikarte für eine Präsentation

Medien zur Visualisierung

Sehr gebräuchlich für Präsentationen ist der Beamer in Kombination mit einem Notebook mit entsprechender Präsentationssoftware. Darüber hinaus bieten sich an: Overheadprojektor, Flipchart, Pinwand, Whiteboard, Diaprojektor. Die Auswahl bestimmter Medien darf nicht zufällig geschehen, sondern sollte immer begründet werden können. Soll z. B. die Gliederung der Präsentation für die Zuhörer für die gesamte Dauer des Vortrags sichtbar sein, bietet sich die Verwendung eines Flipcharts an. Dies ist jedoch nur bei einer entsprechend kleinen Teilnehmerzahl sinnvoll, da die Schrift von allen Plätzen aus lesbar sein muss. Zeitliche Entwicklungen oder logische Abfolgen lassen sich gut durch vorbereitete Karten auf der Pinwand darstellen. Die Karten werden dann parallel zum Vortrag angesteckt und erleichtern damit dem Zuhörer die Verfolgung der Prozesse. Auch diese Vorgehensweise ist nur bei entsprechend kleiner Zuhörerzahl sinnvoll. Bei längeren Präsentationen bewirkt die maßvolle Kombination verschiedener Medien bei den Teilnehmern eine erhöhte Aufmerksamkeit.

Gestaltungsregeln zur Mediennutzung

Für den Einsatz von Medien gibt es diverse Gestaltungsregeln, von denen an dieser Stelle nur die wichtigsten genannt werden sollen:

- **Lesbarkeit**: Große und auch für die letzte Reihe gut leserliche Buchstaben. Es empfiehlt sich, das Querformat zu wählen und nur wenige Aspekte (etwa zwei bis vier) in entsprechender Zeichengröße aufzunehmen.
- **Einsatz der vier „Verständlichmacher“**:
  - Einfachheit (verständliche, kurze Sätze/Satzteile),
  - Ordnung (Überschriften, optische Blöcke),
  - Kürze (nur das Wesentliche, keine unerheblichen Details),
  - Stimulanz (z. B. Farben, anschauliche Bilder/Grafiken).
- **Angemessener Einsatz**: Die Medien sollen eine Präsentation unterstützen, aber nicht überfrachten. Der Präsentierende darf nicht Opfer seiner Medienmenge werden, um nicht den Kontakt zum Publikum zu verlieren.

Organisatorische Vorbereitungen

Auch bei Präsentationen steckt der Teufel stets im Detail. Wer für eine erfolgreiche Präsentation verantwortlich ist, muss vor allem vier Problembereiche im Blick haben:

- Organisation eines hinreichend großen Raumes mit ausreichender Bestuhlung zur vorgesehenen Zeit (ohne Störungen von außen)
- Kontrolle der Verfügbarkeit und Funktionstüchtigkeit eingeplanter Medien unter den Bedingungen vor Ort (z. B. Fragen der Stromversorgung, Verdunklung usw.)
- Einladungen der Teilnehmer, ggf. mit Wegbeschreibungen, Rückmeldebögen und Angaben zu Ansprechpartnern bei Rückfragen
- Zeitpunkt und Zusammenstellung des Caterings wie Kaffee, Tee, Kuchen, Buffet usw.

Empfehlungen zur Durchführung

Nonverbale Kommunikation

Einer amerikanischen Untersuchung zufolge sind bei der menschlichen Kommunikation 95 % einer Botschaft nonverbal.[1] Für eine Präsentation bedeutet das, dass die Zuhörer erheblich mehr Informationen aus Gestik, Mimik, Körperhaltung, Klang der Stimme sowie der Kleidung des Redners beziehen als aus dem Inhalt seiner Worte. Auch wenn diese Angabe in der Wissenschaft umstritten ist, so kann an dieser Stelle festgehalten werden, dass die nonverbale Kommunikation eine große Rolle für eine Präsentation spielt.

- **Blickkontakt**: Blickkontakt zum Publikum ist für den Erfolg einer Präsentation entscheidend. Redner, die Blickkontakt vermeiden, indem sie überwiegend an die Leinwand oder über die Köpfe hinwegsehen, haben keinen Kontakt zu ihrem Publikum. Sie werden nicht ernst genommen, wirken unglaubwürdig und verlieren die Aufmerksamkeit ihrer Zuhörer.
- **Körperhaltung**: Der Redner sollte mit einem Fußabstand von etwa 15 cm fest auftreten und das Körpergewicht auf beide Beine gleichmäßig verteilen. Dabei sollte er eine aufrechte Haltung einnehmen und stets dem Publikum zugewendet bleiben.
- **Gestik**: Die Arme sollten nicht einfach herunterhängen, sondern zwischen Brust- und Gürtellinie verbleiben, dort aber für eine „automatische" Begleitung der verbalen Ausführungen bereitgehalten werden. Das Halten von Karteikarten bzw. eines Stiftes oder Pointers kann dabei behilflich sein. Die Hände sollten nicht in die Hosentasche gesteckt und die Arme nicht verschränkt werden.
- **Mimik**: Grundsätzlich ist ein freundliches Lächeln, welches aber nicht maskenhaft wirken darf, hilfreich, denn es stimmt das Publikum freundlich ein. Wenn man über die Mimik nicht bewusst nachdenkt, begleitet sie automatisch, wie die Gestik, das gesprochene Wort. Sie darf ebenfalls Emotionen des Redners widerspiegeln.

Sprache

- **Laut und deutlich**: Der Redner sollte laut und deutlich und auch nicht zu schnell sprechen. Ungeübte Redner neigen zu hastiger Vortragsweise, die häufig dazu führt, dass das Publikum nicht mehr folgen kann.
- **Füllwörter vermeiden**: Die meisten Menschen verwenden unbewusst Füllwörter wie „äh", „halt', „wie gesagt" usw. Diese gewöhnt man sich am besten ab, wenn man sich einmal auf einer Videoaufnahme bei einer Präsentation sehen und hören kann.
- **Zielgruppenspezifisch**: Der Redner sollte keine Worte wählen, die das Publikum nicht kennt. So besteht beispielsweise die Gefahr, dass ein Programmierer sein Produkt vorstellt, aber das Publikum (bestehend aus Sachbearbeitern, die die Software lediglich anwenden sollen) die Fachsprache nicht versteht.

[1] Mehrabian/Ferris: Inference of Attitudes from Nonverbal Communication in Two Channels, in: *The Journal of Conselling Psychology 31*, S. 248–252, 1967

Anhang 2: Checkliste Marketingkonzept

Folgende Aspekte sollte ein Marketingkonzept beinhalten:

A Analyse der Ausgangssituation

- □ Unternehmensgeschichte
- □ Kunden
- □ Produkte/Leistungen (Lebenszyklusanalysen)
- □ Wettbewerbssituation
- □ Stärken/Schwächen-Analyse
- □ Image des Unternehmens bzw. der Produkte
- □ Marktentwicklung und Trends (Ist-Portfolio)

B Strategische Marketingplanung

Marketingziele und -strategien sind ggf. nach Geschäftsbereichen zu differenzieren:

Marketingziele

- □ Umsatzziele
- □ Gewinnziele
- □ Marktanteilsziele
- □ Imageziele
- □ andere Ziele

Marketingstrategien

- □ Wachstumsstrategien
- □ Marktsegmentierungsstrategien
- □ Positionierungsstrategien (Festlegung USP)
- □ andere Strategien

C Marketingmix

Abgestimmte Kombination der Marketinginstrumente (ggf. mehrere) für die einzelnen Produkte oder Geschäftsbereiche:

Produkt- und Programmpolitik	Preispolitik	Distributionspolitik	Kommunikationspolitik
□ Innovation □ Variation □ Differenzierung □ Eliminierung □ Produktdesign □ Verpackung □ Markierung □ Kundendienst □ Garantie □ Programmgestaltung • Programmbreite • Programmtiefe	□ Preispositionierungsstrategie • Hochpreisstrategie • Niedrigpreisstrategie □ Preiseinführungsstrategie • Skimmingstrategie • Penetrationspreisstrategie □ Preisdifferenzierungsstrategie □ Preisdurchsetzungsstrategie □ Konditionen • Rabatte • Lieferungsbedingungen • Zahlungsbedingungen • Absatzfinanzierung	□ unternehmenseigene Absatzorgane • Geschäftsführung • Reisende • Niederlassungen • Factory-Outlet • Internetvertrieb • Telefonvertrieb □ rechtlich selbststän-dige Absatzorgane • Großhandel • Einzelhandel • Franchise • Handelsvertreter • Kommissionär	□ CI-Strategie □ Public Relations (PR) □ Sponsoring □ Salespromotion □ Productplacement □ Direktmarketing □ Messen

Verständnisfragen

K Sachwortverzeichnis

W

Z

L Bildquellenverzeichnis

3M Deutschland GmbH, Neuss, S. 46
Bausparkasse Schwäbisch Hall AG, Schwäbisch Hall, S. 72
Behrla/Nörbaß GbR, Foto Stephan, Köln/Bildungsverlag EINS GmbH, Troisdorf, S. 54
BMW AG, München, S. 46
Coca-Cola GmbH, Berlin, S. 46
Colgate-Palmolive AG, Thalwil (Schweiz), S. 72
Mäurer & Wirtz GmbH & Co. KG, Stollberg, S. 46 (links)
MEV Verlag GmbH, Augsburg, S. 83
Reemtsma Cigarettenfabriken GmbH, Hamburg, S. 72
Toyota Deutschland GmbH, Köln, S. 72